Thomas Siemon

TRÜMMER, TOD UND TRÄNEN

Überlebensberichte aus der Kasseler Bombennacht 1943

Wartberg Verlag

HNA

Text
Thomas Siemon

Bildnachweis
Die Bilder stammen aus dem Besitz der Zeitzeugen mit Ausnahme der S. 5, 6, 22/23, 30/31, 36/37, 42/43, 46/47, 52/53, 56/57 aus dem HNA-Archiv; S. 10/11, 16/17 aus dem Imperial War Museum, London und S. 41 dpa Picture Alliance GmbH.

Titelbild: HNA/Archiv/Stadtmuseum

1. Auflage 2018

Layout und Satz: Christiane Zay, Potsdam
Druck: Druck- und Verlagshaus Thiele & Schwarz GmbH, Kassel
Buchbinderische Verarbeitung: Büge, Celle

34281 Gudensberg-Gleichen, Im Wiesental 1
Telefon: 0 56 03 - 9 30 50
www.wartberg-verlag.de
ISBN 978-3-8313-3215-1

Inhaltsverzeichnis

Vorwort	4
Chronologie der Bombenangriffe	5
Ein unvergesslicher Geburtstag	8
Ein Weg durch die Hölle	12
Suche in den Trümmern	18
Durch das Flammenmeer zum Weinberg	20
Zum Helfen nach Kassel	24
Mutter und Tochter zu Hause	26
Der Feuersturm	26
Liebesgeschichte in der Bombennacht	27
Flucht über die Gleise	32
Bombe aus dem Haus getragen	34
Die ganze Stadt brannte lichterloh	38
Wir retten uns in das Ehrenmal	44
In Großvaters Keller	48
Aufsatz über die Bombennacht	50
Der Teddy war immer dabei	54
Man müsste noch mal zwanzig sein	58
Noch lange auf Alufolie geschossen	60
Blutroter Schein am Horizont	61
Der Feuerschein war bis Erfurt zu sehen	63

Vorwort

Wie wahrscheinlich ist es, dass sich 75 Jahre nach einem Ereignis noch Zeitzeugen melden? Nicht zwei oder drei. Auch nicht zehn oder 15. Die Kasseler Bombennacht vom 22. Oktober 1943 war so furchtbar, dass sie sich im wahrsten Sinne des Wortes in das Gedächtnis eingebrannt hat. Vom heute knapp 80-Jährigen, der das Inferno als vierjähriger Junge mitbekommen hat bis zur fast 100-Jährigen, die damals schon eine junge Erwachsene war, haben sich nach einem Aufruf in der HNA über 150 Menschen gemeldet.

Aus ihren Erinnerungen setzt sich ein vielschichtiges Bild der flächendeckenden Zerstörung und des Feuersturms zusammen. Vielen ist das gar nicht so bewusst. Doch der Grad der Zerstörung in Kassel war ebenso groß wie der bei der Bombardierung Dresdens.

Der 22. Oktober 1943 war ein außergewöhnlich schöner und warmer Herbsttag. Zeitzeuginnen berichten, dass sie ihr Sommerkleid noch einmal angezogen hätten. Junge Paare verabredeten sich zu einem Spaziergang und gingen zu einem Konzert in der Innenstadt oder doch lieber ins Kino. Im Ufa lief Münchhausen, auch daran erinnern sich einige noch.

Am Abend dann heulten die Sirenen. Mal wieder, viele hatten sich daran wohl oder übel schon gewöhnt. Wer bei dem Großangriff vom 3. Oktober dabei war, hatte bereits eine Vorstellung von der enorm gewachsenen Zerstörungskraft der britischen und amerikanischen Flieger. Die Royal Air Force sollte bereits 19 Tage vor der Bombennacht die Kasseler Innenstadt zerstören. Die Zielmarkierungen gingen allerdings daneben. Dafür gab es enorme Zerstörungen in Richtung Bettenhausen, Wolfsanger, Sandershausen und Ihringshausen. Die Altstadt blieb noch verschont.

Einen kleinen Koffer mit den wichtigsten Sachen habe man immer griffbereit gehabt, erinnern sich die Zeitzeugen. Deshalb sind auch noch einige Fotos aus dieser Zeit gerettet worden. Von einer trügerischen Ruhe nach dem Bombenalarm am Abend des 22. Oktober berichten die Menschen. Der riesige Schwarm der Bomber hatte einen Scheinangriff auf Frankfurt geflogen. Dann bogen sie Richtung Kassel ab. Um 20.21 Uhr fielen die ersten Bomben. Die Zielmarkierungen waren diesmal absolut präzise.

Wie so oft zuvor suchten die Menschen Schutz in Bunkern und Kellern. Doch spätestens als die Mischung aus Spreng- und Brandbomben einen Feuersturm in der Fachwerkstadt ausgelöst hatten, wurden die Luftschutzkeller zur tödlichen Falle mit zu wenig Sauerstoff und zu viel Rauch. Immer wieder berichten die Überlebenden, dass sie aus den Kellern ins Freie geflohen sind. Teilweise gegen die ausdrücklichen Anweisungen der Sicherheitskräfte. Die Flucht durch das Flammenmeer und an einstürzenden Häusern vorbei hat viele gerettet. Manche haben bislang nur im engsten Familienkreis darüber geredet, andere gar nicht. 75 Jahre später wollen sie die Gelegenheit nutzen. „Damit alle wissen, wie furchtbar Krieg ist", hat eine Zeitzeugin gesagt.

Die Erinnerungen von Menschen, die die Kasseler Bombennacht überlebt haben, stehen im Mittelpunkt dieses Buches. Die teilweise bislang unveröffentlichten Fotos zeigen die furchtbaren Zerstörungen. Damals haben britische Flieger Kassel in Schutt und Asche gelegt. Heute wissen wir, dass die Taktik, mit Flächenbombardements die Moral des Kriegsgegners zu brechen, nicht aufgegangen ist. Auslöser für die verheerenden Zerstörungen war der deutsche Angriffskrieg, der ab September 1940 allein in der englischen Hauptstadt London 40 000 Todesopfer durch Luftangriffe gefordert hatte.

Chronologie der Bombenangriffe

› Während des Zweiten Weltkriegs gab es 40 Bombenangriffe auf Kassel. Am 22. Juli 1940 fielen die ersten Bomben in Bettenhausen (0.29 bis 2.35 Uhr). Ziel war der Flugplatz von Fieseler. Auch das Kurbad Jungborn an der Fulda wurde getroffen.

› Am 24. Juli 1940 (0.26 bis 2.57 Uhr) wurde das Spinnfaser-Werk getroffen.

› Der erste größere Schaden entstand in der Nacht zum 17. August 1940. An der Gräfestraße wurden die Häuser 2, 4 und 6 durch Bomben stark beschädigt. Zwei Menschen starben, 13 wurden verletzt.

› In der Nacht zum 17. Oktober 1940 (22.02 bis 1.13 Uhr) wurden fünf Sprengbomben abgeworfen. Eine traf die Stadtgärtnerei.

› In der mondhellen Nacht zum 9. September 1941 – nach fast elfmonatiger Pause – griffen 30 Bomber an (23.32 bis 3.00 Uhr). Getroffen wurden das Werk II von Henschel, Grüner Weg, Hauptbahnhof, Rotes Palais am Friedrichsplatz, Hermannstraße und Philosophenweg.

Aufräumarbeiten bei Henschel. Trotz der vielen Angriffe lief die Produktion weiter.

› Zum ersten Mal in einer Nacht ohne Mondschein gab es am 24./25. Oktober 1941 einen Angriff (22.37 bis 0.21 Uhr). Beschädigt wurden einige Häuser am Jungfernkopf, ein Bahnübergang und Teile des Gleisdreiecks.

› 1942 gab es nur einen größeren Angriff. In der mondhellen Nacht zum 28. August 1942 (23.54 bis 2.08 Uhr) schlugen Bomben auf dem Friedrichsplatz (Theater), in der Unterneustadt, am Auedamm mit den Bootshäusern, der Badeanstalt sowie in der Karlsaue ein. Getroffen wurden die Train-Kaserne an der Frankfurter Straße, der Friedhof in Wehlheiden, die Gräfestraße, die Murhardstraße sowie die Emmerichstraße. Ziele waren auch die Henschelwerke in Rothenditmold. Weitere Zerstörungen gab es an der Wolfsangerstraße, am Ostring und dem Stadtkrankenhaus.

› In den frühen Morgenstunden des 17. Mai 1943 dauerte der Fliegeralarm fast vier Stunden lang (0.31 bis 4.19 Uhr). Mit Tagesanbruch kam die Nachricht, dass die Edertalsperre zerstört wurde. Das Wasser überflutete die Fuldadämme, stand in der Aue, der Unterneustadt, der Altstadt und bis hin zur Weserspitze. Zwei Menschen kamen ums Leben, es entstanden große Gebäudeschäden.

› Am 28. Juli 1943 ist der erste Tagesangriff der Amerikaner mit 100 Flugzeugen verzeichnet. Angegriffen wurden Junkers, Fieseler und Spinnfaser. 45 Menschen kamen ums Leben.

› Am 30. Juli 1943 von 8.50 bis 10.44 Uhr hatten amerikanische Flugzeuge nahezu die gleichen Angriffsziele. 157 Menschen starben.

› Am 3. Oktober 1943 zwischen 21.58 und 23.43 Uhr flogen 540 britische Bomber über Kassel. Sie verfehlten ihre Ziele in der Innenstadt, richteten aber östlich vom Zentrum große Schäden an. 116 Menschen starben, rund 300 wurden verletzt.

› In der Nacht zum 23. Oktober 1943 ging die Altstadt im Feuersturm unter. 10 000 Menschen kamen ums Leben.

› Die ersten Bomben des Jahres fielen am 21. Januar 1944 (Alarmzeit 21.51 bis 22.08 Uhr). Getroffen wurde ein Haus in Niederzwehren. Es gab Tote und Verletzte.

› Am 18. März 1944 (21.45 bis 22.29 Uhr) wurden 15 Sprengbomben abgewofen. Sie schlugen in Lohfelden, im Bereich Wolfsanger- und Ihringshäuser Straße (hinter dem Krankenhaus) ein.

› Am Schlangenweg und Philosophenweg schlugen am 30. März 1944 Bomben ein. Weitere Treffer gab es am Straßenbahn-Betriebshof in Wilhelmshöhe, in Kirchditmold und an der Ihringshäuser Straße.

› Die Werke von Fieseler und Henschel-Flugmotoren waren Ziele am 19. April 1944 (9.59 bis 11.34 Uhr). Bis zu 80 Bomber waren im Einsatz. Auch Wohngebiete in Bettenhausen wurden getroffen.

› Großbrände an der Parkstraße und der Schlachthofstraße waren die Folge des Angriffs am 22. September 1944. Ebenfalls getroffen wurden der Hauptbahnhof, der Güterbahnhof, Henschel, Tannenwäldchen, Unterstadt, Mittelfeld, Kölnische Straße, Hohenzollernstraße, Kaiserstraße, Prinzenstraße, Elfbuchenstraße, Holländische Straße, Fiedlerstraße, Eisenschmiede und Ihringshäuser Straße sowie Gebiete in Wolfsanger und Bettenhausen.

› Am 27. September 1944 (10.11 bis 11.38 Uhr) wurden Wohngebiete in Ihringshausen, am Fasanenhof und an der Eisenschmiede getroffen.

› Bereits einen Tag später, am 28. September 1944, fielen erneut Stabbrandbomben und Sprengbomben (11.34 bis 14.29 Uhr). Getroffen wurden die Stadtteile Harleshausen, Kirchditmold, das Umfeld der Heinrich-Schütz-Schule, Rothenditmold, das Henschelwerk Mittelfeld und das Fasanenhofviertel. Weitere Schäden gab es an der Harleshäuser Straße, der Todenhäuser Straße, am Huttenplatz, dem Diakonissenhaus, der Quellhofstraße und am Hegelsberg.

› Rothenditmold, Wolfsanger, Wehlheiden, Brasselsberg und Harleshausen waren Ziele des Angriffs vom 2. Oktober 1944 (10.12 bis 12.12 Uhr).

› Am 7. Oktober 1944 gab es einen größeren Angriff (11.07 bis 14.07 Uhr). Treffer gab es in Harleshausen, in der Wartebergsiedlung, am Jungfernkopf, im Weserviertel, an der Mönchebergstraße und am Stadtkrankenhaus.

› Sprengbomben trafen am 18. Oktober 1944 (10.50 bis 12 Uhr) die Stadtteile Wilhelmshöhe, Kirchditmold, Harleshausen, die Wegmann-Obstplantage, Rothenditmold, Nordstadt, Fasanenhof, Bettenhausen, Wolfsanger sowie Ihringshausen.

› Am 9. November 1944 kurz nach 22 Uhr drei Bomben. Eine traf ein Haus an der Schönfelder Straße, zwei fielen ins freie Feld.

› Vorwiegend Sprengbomben fielen am 4. Dezember 1944 (11.55 bis 13.37 Uhr). Es gab Schäden an der Druseltalstraße, am Bahnhof Wilhelmshöhe, an den Kasernen, am Zuchthaus Wehlheiden, dem Unterneustädter Kirchplatz, Bettenhausen, Sandershausen, Wolfsanger, Philippinenhof und am Holländischen Platz.

Blick in den Weinbergbunker. Hier suchten viele Menschen Schutz.

> Am 15. Dezember 1944 dauerte der Angriff von 11.41 bis 12.40 Uhr. Getroffen wurden die Stadtteile Niederzwehren, Bettenhausen, Erlenfeld und Fasanenhof.

> In den frühen Morgenstunden am 28. Dezember 1944 (ab 3.23 Uhr) fielen vier Bomben auf das Gelände Mittelfeld.

> Der letzte Angriff des Jahres begann am 30. Dezember 1944 um 12.35 Uhr. Wegen eines Stromausfalls gab es keinen Sirenenalarm. Starke Schäden entstanden in allen Stadtteilen und den umliegenden Orten. Getroffen wurden unter anderem der Königsplatz, der Friedrichsplatz, die Frankfurter Straße, die Wilhelmshöher Allee, das Postamt an der Hohenzollernstraße und das Polizeipräsidium am Königstor, Schloss Wilhelmshöhe, der Hauptbahnhof sowie die Bahnhöfe Wilhelmshöhe und Bettenhausen. Die Wasser- und Gasversorgung brach zusammen, Telefon- und Fernschreibverbindungen fielen aus. Alle Hauptstraßen waren blockiert, die Straßenbahn konnte nicht fahren, und der Eisenbahnverkehr war erheblich gestört.

> Erstmals wurden am 1. Januar 1945 Bomben mit Zeitzünder abgeworfen (11.57 bis 14.08 Uhr). Bis zu 800 Flugzeuge griffen Kassel an. Etwa zwei Stunden nach dem Angriff explodierten die ersten Bomben. Das setzte sich bis in die Nächte vom 2. und 3. Januar fort. Besonders betroffen wurden die Verkehrsknotenpunkte wie der Hauptbahnhof, die Bahnhöfe Wilhelmshöhe und Bettenhausen, der Verschiebebahnhof, die Friedenskirche sowie Quartiere im Druseltal, an der Rasenallee, der Eisenschmiede, am Fasanenhof und in Bettenhausen.

> Am 21. Januar 1945 (20.15 bis 20.54 Uhr) wurden Leucht- und Sprengbomben (teilweise mit Zeitzünder) abgeworfen. Es gab Treffer Im Bereich Vorderer Westen bis Niederzwehren sowie einige Einschläge in Bettenhausen und Mittelfeld.

> Schwere Schäden brachte der Angriff vom 29. Januar 1945 (ab 1.12 Uhr). Dabei brannte das Schloss Wilhelmshöhe ab. Treffer gab es in Bettenhausen, Rothenditmold, Mittelfeld, Wilhelmshöhe und am Hauptbahnhof.

> In der Nacht vom 7. zum 8. Februar 1945 fielen 14 Sprengbomben und Luftminen (23.56 bis 0.41 Uhr). Einschläge gab es unter anderem am Bahnhof Wilhelmshöhe, am Generalkommando und Polizeipräsidium.

> 300 Bomber flogen am 28. Februar 1945 (13.46 bis 15.39 Uhr) in 20 Wellen Angriffe. 1200 Minen und Sprengbomben sowie 100 000 Stabbrandbomben wurden abgeworfen. Verschont wurde nur der Norden. Es kam zu großen Bränden bis weit in den nächsten Tag. 35 Menschen kamen ums Leben.

> Am 2. März 1945 (19.58 bis 20.12 Uhr) flogen 80 Maschinen auf Kassel. Von den 160 Sprengbomben hatten viele einen Langzeitzünder. Treffer gab es insbesondere in Wilhelmshöhe und in der Innenstadt.

> Alle westlichen Stadtteile wurden bei dem Angriff vom 8. März 1945 (21.25 bis 22.17 Uhr) schwer getroffen. Es gab mehrere Großbrände, die den Nachthimmel zum Glühen brachten. Die Munitionsfabrik in Ihringshausen wurde am 9. März 1945 getroffen. Bei dem Angriff (9.08 bis 11.10 Uhr) schlugen die Bomben in den nördlichen Stadtteilen ein.

> Eine Luftmine traf am Abend des 16. März 1945 den Friedhof von Harleshausen.

> Wohnhäuser in Bettenhausen wurden am 19. März 1945 getroffen (4.04 bis 5.09 Uhr). Zwischen 2.36 und 4.52 Uhr am 21. März 1945 trafen Spreng- und Brandbomben Bettenhausen, die Stadtmitte und Fasanenhof.

> Das waren die letzten Bomben die über Kassel abgeworfen wurden. Am 1. April 1945, Ostersonntag, heulten morgens um 3.20 Uhr die Sirenen fünf Minuten lang. Von Westen rückten amerikanische Truppen nach Kassel ein.

Ein unvergesslicher Geburtstag

Wenn Inge Roscher erzählt, ist das auch eine Zeitreise durch Wilhelmshöhe. Ihr Elternhaus stand an der Wilhelmshöher Allee 290. „Da ist heute das Hotel Schweizer Hof", sagt sie. Sie ging auf die Wilhelmshöher Schule, die heute Reformschule heißt. Ihre Mutter arbeitete bei der Post an der Rolandstraße, wo heute immer noch eine Postfiliale ist. Und ihre Schulhefte holte sie bei Schwedes. Auch dieses Geschäft gibt es noch.

Auf den 22. Oktober 1943 hatte sie sich besonders gefreut. Nicht nur, weil das ihr zehnter Geburtstag war. „Wir durften zum ersten Mal in der Schule mit Wasserfarben malen, die gab es bis dahin nicht", erzählt sie.

Alle sangen für sie

Morgens stand wie immer ihre Freundin Renate vor der Tür, mit der sie bis zur Schule ging. Die anderen Kinder haben für sie „Bunt sind schon die Wälder" gesungen. Sehr schön sei das gewesen. Nachmittags gab es Kartoffeltorte. Ihre Mutter hatte Pellkartoffeln gerieben. Dazu kamen Eier, Zucker und Fett. Der im Ofen gebackene Kuchen wurde dann aufgeschnitten. „Zum Schluss kam noch Pudding drauf – das war lecker."

Dann ging es raus. Damals habe man noch auf der Wilhelmshöher Allee Hickelhäuschen spielen können. Nur selten sei da mal ein Auto gefahren. Am frühen Abend sollte sie sich dann langsam bettfertig machen. Ein Köfferchen mit ihren wichtigsten Sachen und den Schulranzen hatte sie immer griffbereit für den Fall, dass man mal wieder in den mit Eisentüren gesicherten Luftschutzkeller ein paar Häuser weiter musste. Große Sorgen hat sich das Geburtstagskind aber nicht gemacht, als es am frühen Abend einen Voralarm gab. Das kam schließlich häufiger vor. Wenn sie nachts raus musste, dann begann die Schule am nächsten Morgen erst um zehn Uhr. So schlecht fand sie die Vorstellung nicht.

So sah die Wilhelmshöher Allee vor dem Zweiten Weltkrieg aus.

Die junge Inge.

Inge Roscher

Gegenüber sah sie einen Nachbarn, der auf dem Balkon seines brennenden Hauses zusammengebrochen war. „Das war der Herr Jäger, den kannte ich. Der wollte noch Sachen aus seiner Wohnung retten und ist in den Flammen gestorben", sagt sie.

Mit ihrer Mutter hat sie sich bis zu ihrem Elternhaus durchgeschlagen, das in dieser Nacht noch verschont blieb. Erst bei einem späteren Angriff wurde es zerstört. Irgendwann ist die zehnjährige Inge dann zu Hause eingeschlafen.

Geburtstagskuchen im Keller

Doch diesmal sollte es sehr viel schlimmer kommen als bei allen Bombenangriffen zuvor. Den Geburtstagskuchen hatten Mutter und Tochter mit in den Keller genommen. Alle, die dort Schutz suchten, gratulierten dem Geburtstagskind. Richtig gemütlich sei das zunächst noch gewesen. Doch dann hörten die Menschen im Keller immer deutlicher ein bedrohliches Brummen. „Meine Tante ist noch mal vor die Tür gegangen und hat nachgesehen, was los ist", erinnert sich Inge Roscher. Der ganze Himmel, das habe die Tante berichtet, sei voller Christbäume gewesen. So nannten sie die leuchtenden Zielmarkierungen, die die Vorboten der Bombenabwürfe waren.

Bomber kamen näher

Aus Richtung Herkules seien die Bomber gekommen, und dann hörte man die ersten Einschläge. „Ich kann mich an vieles sehr genau erinnern, aber nicht daran, wie lange wir im Keller saßen", sagt Inge Roscher. Als das Krachen und die berstenden Geräusche in der direkten Nachbarschaft endlich etwas nachließen, schauten sie vorsichtig nach, wie es draußen aussah. „Direkt neben uns brannte das vierstöckige Haus Meudt lichterloh", erzählt sie. Das Traditionsgeschäft für Haushaltswaren und Spielzeug stand auf dem Grundstück des heutigen Atriums in der Nähe des Wilhelmshöher Bahnhofs. In ein nasses Betttuch gehüllt rannte die Zehnjährige mit ihrer Mutter über die Straße.

Schwarze Gesichter

Müde war sie am nächsten Morgen, aber auch froh, dass ihre Freundin Renate sie wie immer abholte. Als sie die Wilhelmshöher Allee Richtung Schule gingen, war nichts mehr wie am Tag zuvor. Überall saßen am Straßenrand ausgebombte Menschen, Mütter mit ihren Kindern. „Viele waren ganz schwarz im Gesicht", erzählt Inge Roscher. Und noch etwas ist ihr in Erinnerung geblieben. Viele Nachbarn hätten in ihren Kellern Lebensmittel wie Kartoffeln und Obst gelagert. Am Tag nach dem Bombenangriff habe es an der Wilhelmshöher Allee nach Bratäpfeln gerochen.

Hefte zwischen Trümmern

Die beiden Mädchen waren an diesem Tag nicht die einzigen, die zum Unterricht wollten. Auf dem Schulhof habe ihre Lehrerin mit vielen anderen Kindern gewartet. Vor qualmenden Trümmern. Die Hälfte des Schulgebäudes war zerstört, der Klassenraum von Inge Roscher allerdings noch halbwegs intakt. Die Lehrerin sorgte dafür, dass die Kinder ihre in einem Schrank verstauten Hefte bekamen. Dann schickte sie sie nach Hause.

Alltag nach einem Bombenangriff in der Nordstadt.

Ein Weg durch die Hölle

Der eine ist damals in der Bombennacht durch die brennende Stadt gerannt, der andere hat fotografiert. Horst Wagner (Jahrgang 1926) hat seine dramatischen Erlebnisse in den Stunden zwischen dem Fliegeralarm und der verzweifelten Suche nach Angehörigen in einem brennenden Haus aufgeschrieben. Detailgenau lässt er den Kampf um das Überleben und das Chaos dieser Nacht, die für ihn mit einer romantischen Verabredung begonnen hat, wie in einem Film lebendig werden.

Illustriert wird diese außergewöhnliche Geschichte durch bislang unveröffentlichte Fotos aus der Bombennacht. Die hat der bereits verstorbene Joachim Ebel (Jahrgang 1911) gemacht. Er hatte ein Foto- und Optikergeschäft an der Oberen Königsstraße und war auch als Kriegsfotograf für die Wochenschau unterwegs. Die spektakulären Fotos, die er in der Bombennacht unter schwierigsten Verhältnissen aufgenommen hat, wurden bislang im Familienalbum verwahrt. Seine Tochter Ursula Hoffmann hat uns die Bilder zur Verfügung gestellt.

Horst Wagner war damals 18 Jahre alt und als Soldat auf Heimaturlaub. Mit seiner Freundin Maria, einer Rot-Kreuz-Schwester, hatte er sich im „Resi", dem Residenzkaffee an der Oberen Königsstraße verabredet. „Beim Optiker Hess zeigte das Thermometer 20° C Grad an. Es war 19.30 Uhr, als wir in das Lokal gingen. Punkt 20 Uhr betraten die jungen Damen der holländischen Kapelle unter einem frenetischen Jubel das Podest, nahmen ihre Instrumente auf und schon begannen sie mit dem Tigerrack und einem Potpourri internationaler Schlager, die eine deutsche Kapelle nicht mehr spielen durfte. Das war schon begeisternd und alle Gäste im Saal stimmten mit ein.

Eine Viertelstunde lang dauerte der Jubel, dann begann das Sirenengeheul. Erstaunlich, wie diszipliniert die Gäste das Lokal verließen. Die vielen Alarme, ohne dass sich am Himmel etwas getan hatte, wiegten die Menschen in Sicherheit. Deswegen versammelte sich die Mehrheit der Gäste draußen auf der Straße in der Hoffnung, dass es bald wieder Entwarnung geben würde. Nichts tat sich am Himmel, kein Scheinwerfer, kein Laut, bis auf zwei Polizisten, die versuchten, die Menschenmenge von der Straße zu vertreiben.

Festbeleuchtung am Himmel

Gerade wollte ich zum Aufbruch drängen, da machte Maria den Vorschlag: „Horst, wir gehen zu uns nach Hause. Mutter ist zu ihrer Schwester nach Melsungen gefahren, und jetzt bei dem Alarm kommt sie bestimmt nicht mehr nach Hause." Meine Nervosität war verflogen, jetzt würden wir endlich doch allein sein. Langsam schlenderten wir die Königsstraße hoch. Außer uns waren noch viele Menschen auf der Straße, niemand schien sich an dem Alarm zu stören. Der sternenklare Himmel, den ich einige Minuten zuvor noch mit Sorge betrachtet hatte, wurde zur Festbeleuchtung. Bis in die Luisenstraße war es immerhin ein Fußmarsch von 20 Minuten, also versuchten wir ein wenig Tempo aufzunehmen.

Zehn Minuten später passierten wir die Feuerwache 2 an der Nebelthaustraße, dort hatten sie die Fahrzeuge bereits auf die Straße gefahren, die Feuerwehrmänner standen einsatzbereit dabei. Das sah doch ernst aus und Maria drängte nun zur Eile: „Komm Horst, da vorn ist die Murhardstraße, das Haus links vor dem Eckhaus, da wohn ich." „Ich kann nicht Marie, ich muss nach Hause, meine Mutter und Schwester ..."

Der Angriff beginnt

Ich wurde unruhig, denn aus weiter Entfernung glaubte ich leise Motorengeräusche zu hören und das aus der Richtung des Herkules. Plötzlich blitzte am Tannenwäldchen der helle Lichtstrahl eines Scheinwerfers auf. Im Nu gesellten sich drei weitere Scheinwerfer hinzu und suchten den Himmel ab

Schatten in der Bombennacht. Dieses Foto gehört zu den Aufnahmen von Joachim Ebel.

und die Flak begann zu schießen. Der Schreck fuhr mir in die Glieder, erstarrt stand ich da, hörte Maria wie von weiten rufen: „Komm schnell, Horst!" Ich hörte mich nur antworten: „Ich kann nicht Marie, ich muss nach Hause, meine Mutter und Schwester ..." (Horst Wagner verabschiedete sich und rannte los Richtung Innenstadt.)

Vor mir, aus dem Himmel über den Stadtkern entfaltete sich ein seltsames Schauspiel. Etwa tausend Meter über den Hausgiebeln fielen farbige Leuchtstreifen und sanken langsam zur Erde. Dieses Schauspiel konnte ich aber nur sekundenlang bestaunen, dann hörte ich wieder die Flakgranaten explodieren, hörte den pfeifenden Ton der fallenden Bomben. Die Druckwellen einer Sprengbombe warfen mich um, verletzten mich aber nur leicht.

Wie erstarrt stand ich an der Ecke des Polizeipräsidiums, nicht weil das Dachgeschoss in der Weigelstraße brannte. Es war der Blick das Königstor hinunter. Die Straße war etwa von der Ulmenstraße bis zum Garde du Corps Platz ein einziger Brandherd, viele Häuser waren schon eingestürzt, so dass auch das Straßenpflaster brannte. Und zum ersten Mal sah ich Menschen zwischen den brennenden Trümmern. Bewohner, die versuchten noch einiges von ihrem Hausrat zu retten, so wenigstens nahm ich das an. Für mich war klar, durch diese Straße gehst du nicht. Über die Wilhelmshöher Allee schlug ich mich bis kurz vor dem Rathaus durch.

Ein Flammenmeer

Die Königsstraße war in ihrer Länge, soweit ich sehen konnte, ein einziges Flammenmeer. Auf beiden Seiten brannten die Häuser, das war zu erkennen, obwohl die meisten Fassaden noch standen. Aber bis zum Erdgeschoss schossen aus den Fensterhöhlen die Flammen. Durch diese Straße würden mich keine zehn Pferde bringen. Ich fand einen sicheren Weg: Durch die untere Friedrichsstraße zur Frankfurter Straße, dann weiter über den Friedrichsplatz zum Steinweg. Wenn sich die über die Stadt liegende Rauchwolke für einen Moment verzog, sah es aus als ob Kassel unter einer Feuerglocke läge. Wieder schwebten die Christbäume zur Erde, doch ich konnte sie nur kurz über den Dächern der Häuser ausmachen, durch die dichte Rauchwolke waren sie unsichtbar.

Die Explosionen waren nicht weit weg, sie hatten die Friedrichsstraße in einen brennenden Trümmerhaufen verwandelt. Die Straße war unpassierbar. Nun musste ich doch durch die Königsstraße. Die Straße war zwar breit, aber auf beiden Seiten brannten die Häuser. Die linke Seite war ein einziges Flammenmeer, rechts brannten die Häuser nur im Inneren, die Fassaden standen noch. Hinzu kam noch der Sturm mit seiner unerträglichen Hitze.

Keine Chance gegen den Feuersturm.

Ich raffte mich auf, gebückt, immer dicht an der Hauswand, rannte ich los. Bis zur Kreuzung Fünffensterstraße waren es noch keine hundert Meter und ich war erstaunt, wie leicht ich vorwärts kam. Doch an der Kreuzung bekam ich einen Schrecken. Auch diese Straße stand in ihrer ganzen Länge in Flammen. Nur den Seitenflügel des Rathauses sah ich im Dunkeln. Da hinüber musste ich. Doch schon nach einem Schritt von der Hauswand weg erfasste mich der Sturm mit einer Gewalt, die mich auf die Knie zwang. Auf allen Vieren, die Augen wegen der Hitze geschlossen, erreichte ich die andere Straßenseite.

Feuerzungen schossen aus Schaufenstern

Nun ging es gebückt weiter, immer dicht an der Hauswand mit ängstlichem Blick auf die Fensterhöhlen. Bei jedem Schaufenster verharrte ich einen Augenblick wegen einer Feuerzunge. So kam ich bis zum Eckhaus, das erstaunlicherweise nicht brannte und mir Hoffnung machte, eine Rast einlegen zu können und vielleicht im Keller Wasser vorzufinden. Gegenüber, auf der anderen Straßenseite, sah ich den brennenden Kaufhof als ein Skelett von glühenden Eisenträgern.

Die ganze Innenstadt stand in Flammen.

Der Sturm war so stark, dass ich in der Straße zum Staatstheater hin abgetrieben wurde. Jetzt sah ich das Theater in Flammen eingehüllt und als ich die östliche Platzseite erreichte, sah ich die Elisabethkirche und daneben die Kriegsschule in Flammen stehen.

Was mich aber aus der Fassung brachte, waren nicht die Flammen, sondern was sich dort abspielte. Zum ersten Mal sah ich die Feuerwehr im Einsatz. Die Feuerwehrmänner waren dabei die Brände mit Kreuzhacke, Axt, Eisenstangen und Schaufeln zu löschen. Die Hydranten gaben kein Wasser mehr her. Es waren nur wenige Meter bis zum Steinweg und ich konnte bis hoch zur Königsstraße blicken. Die Paläste und das Fridericianum brannten nieder. Und genau wie an der Kirche und Kriegsschule brannte es auch hier. Ich ging vorsichtig den Steinweg entlang der Hauswand des Fridericianum bis zum Zwehrener Turm hinunter. Dort suchte ich Schutz im Torbogen.

Das Naturkundemuseum war unversehrt

Was ich sah, war wie Himmel und Hölle nahe beieinander. Vor mir der Papinplatz mit dem Naturkundemuseum. Beides lag unversehrt von der brennenden Kulisse der Kriegsschule und Elisabethkirche. Zwar war der Sturm immer noch stark und auch die Hitze war unerträglich, aber das hatte ich doch bisher schon gemeistert. Und tatsächlich erreichte ich die Mittelgasse. Nachdem ich mich über die Straße gegen den Sturm durchgesetzt hatte, quälte ich mich an der Hausfront entlang bis zum Haus Nr. 14 durch. Ich wollte in den Schutzraum und hoffte dort die Bewohner und meine Angehörigen zu finden. Ich tastete mich im Dunkeln durch den Keller bis zu der steilen Treppe zum Schutzraum, nahm Stufe für Stufe und stand vor der Eisentür der Gasschleuse. Sie war verriegelt. Ich klopfte und trat gegen die Tür, doch nichts rührte sich.

Der Steinweg ein Flammenmeer

Dann fiel mir wieder ein: Da sind doch noch die Kellerdurchbrüche. So könnten sich die Menschen von Haus zu Haus bis zum Schlossplatz gerettet haben. Ich kam nicht weit, gerade bis zur Haustür. Dort erstarrte ich vor Schreck. Wie sah es jetzt in der Mittelgasse aus? Der gesamte Straßenzug vom Steinweg bis zur Entengasse war ein Flammenmeer. Die paar Meter bis zur Ziegengasse waren ein Höllenritt. Das kam nicht nur durch die Trümmer, sondern vielmehr durch den Feuersturm, den ich nun nicht nur als stärker, sondern auch als heißer empfand. Und als ich die Kreuzung an der Ziegengasse endlich hinter mir hatte, brach bei mir die Angst noch stärker aus. Durch die Ziegengasse zum Graben und dann zum Schlossplatz zu kommen, das war unmöglich. Ich hatte mir nicht vorstellen können, dass sich in dieser kurzen Zeit die Brände so schnell ausbreiten könnten.

Ein Weg durch die Hölle

Es war eine Strecke von ein paar hundert Metern, doch es war ein Weg durch die Hölle. Trümmer, brennende Balken und Mobiliar, Steinbrocken und Mauerreste von eingestürzten Fassaden. Männer der Luftschutzpolizei und vom Reichsarbeitsdienst sowie Soldaten mühten sich, eine schmale Gasse zu räumen und immer wieder wurden Leichen an irgendeinen freien Platz gestapelt. Andere schleppten noch Tote aus den brennenden Häusern und dazwischen stolperten die Menschen – nur weg von diesem grausamen Ort. Nur weit weg zu einen freiem Platz, wo es nicht brennt und man sich sicher fühlen kann. Als ich schließlich an der Brücke über die „Kleine Fulle" (Drusel) angekommen war, sah ich die Orangerie zerbombt und den Nordflügel in Flammen. Die Karlswiese war bereits voller Menschen, nun kam ein neuer Strom hinzu. Ich quälte mich bis in den Hauptweg des Parks und fand unter einer Rotbuche ein Ruheplätzchen auf weichem Moos. Schließlich siegte die Erschöpfung und ich schlief ein.

Am nächsten Tag hat Horst Wagner dabei geholfen, die Toten zu bergen. Seine Mutter und seine Schwester waren durch Kellerdurchbrüche in einen Luftschutzkeller geflüchtet. Sie sind in der Bombennacht ums Leben gekommen.

Immer wieder gab es Angriffe auf die Firma Henschel. Auch diese Lok wurde beschädigt.

Henschel

Suche in den Trümmern

Walter Sons, Jahrgang 1925, wuchs im Vorderen Westen auf. Seine Erinnerungen stehen beispielhaft für die vielen weiteren Bombennangriffe:

„Am 22. September 1944 wurden meine Eltern in der Hohenzollernstraße 78 (heutige Friedrich-Ebert-Straße) ausgebombt. Daraufhin bekam ich Bombenurlaub – ich war ein Jahr zuvor zur Kriegsmarine einberufen worden – und traf am späten Vormittag des 26. September, einen Tag nach dem Geburtstag meines Vaters, in Kassel ein. Meine Eltern hatten Unterschlupf bei Bekannten in der Geibelstraße 8 gefunden.

Am nächsten Morgen kam ein Tankwagen in die Geibelstraße, um die Menschen mit Trinkwasser zu versorgen, da die Hauptleitungen zerstört worden waren. Während ich in der Schlange der Wasserholer wartete, berichteten einige Leute, dass im Radio Luftwarnung verkündet worden sei. Die Luftschutzsirenen funktionierten nämlich nicht mehr. Daraufhin eilte ich zurück und forderte meine Eltern und die Mitbewohner auf, sofort den nahe gelegenen Luftschutzkeller der Brauerei Kropf aufzusuchen.

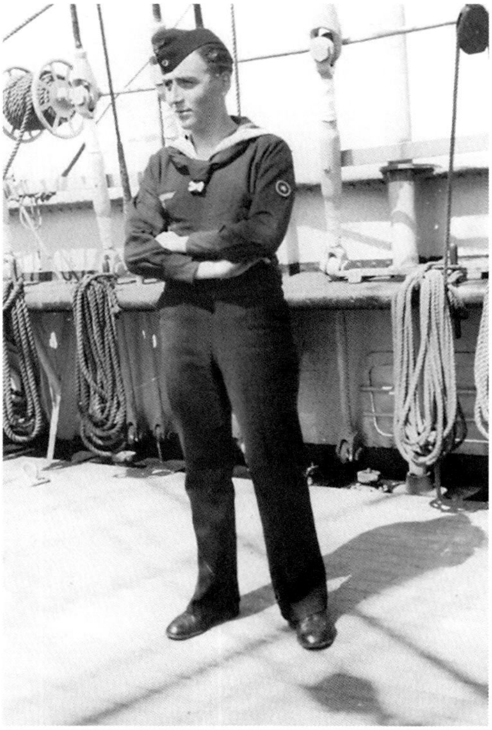
Walter Sons während seiner Zeit als Soldat.

Unser Aufbruch verzögerte sich, weil meine Mutter, die sehr unter dem Verlust ihres Hausstandes litt, gesundheitlich angeschlagen war und noch im Bett lag. Noch heute habe ich meinen Vater vor Augen, wie er unschlüssig, jedoch wie immer mit sorgfältig gebundener Fliege, in der Tür stand. Auf meine Worte „Vater geh' schon voraus, ich komme mit der Mutter nach", sagte er nichts, drehte sich um und ging fort. Ich habe ihn nie wiedergesehen.

Krachen und Beben

Bald waren Flugmotorengeräusche, das Bellen der Flakgeschütze und das Pfeifen der ersten Bomben zu hören. Offensichtlich galt der Angriff den in unmittelbarer Nähe gelegenen Gleisanlagen und dem Hauptbahnhof. Ich warf meiner Mutter einen Morgenmantel über und rannte mit ihr die Treppen hinunter in den Keller. Dort hockte eine verängstigte ältere Frau, die froh war, nicht mehr allein in diesem Inferno zu sein. Dann gab es ein furchtbares Krachen und Beben, das Licht ging aus. Eine Bombe musste das Haus getroffen haben. Die beiden Frauen schrien. Ich tastete mich zur Kellertür, die ich mit Mühe einen Spaltbreit öffnen konnte. Der Weg nach draußen war verschüttet.

Nachdem ich die beiden Frauen einigermaßen beruhigt hatte, gelang es mir, den auf der anderen Seite des Kellerraums befindlichen Mauerdurchbruch zu öffnen und so mit den beiden Frauen durch einen Nachbarkeller ins Freie zu kriechen, was meine dunkelblaue Marineuniform ziemlich verunstaltete.

Walter Sons wurde nach dem Krieg Professor für Musikpädagogik und war Initiator für den Klangpfad im Park Schönfeld.

Im Brauereikeller gesucht

Als der Bombenangriff vorbei war, war die Geibelstraße ein einziges Trümmerfeld. Bald darauf wurde meine Mutter, die einen Schock erlitten hatte, in eine Rettungsstation des Roten Kreuzes im Königstor gebracht. Inzwischen waren alle Hausbewohner aus dem Brauereikeller zurückgekehrt und suchten im Schutt nach irgendwelchen Habseligkeiten. Mein Vater war nicht unter ihnen. Ich ging immer wieder die kurze Strecke zur Brauerei Kropf, konnte ihn aber nicht finden. Da ahnte ich, dass er den Brauereikeller nicht mehr erreicht hatte. Das schräg gegenüber liegende Haus war ebenfalls durch einen Bombentreffer zerstört worden. Hier hatte es viele Tote gegeben, die man nebeneinander auf den Bürgersteig gelegt hatte. Ich ging mehrmals die Reihe entlang, mein Vater war aber nicht darunter.

Suche in den Trümmern

Mit meinem älteren Bruder, der auch Bombenurlaub bekommen hatte und inzwischen eingetroffen war, suchte ich im weiteren Umkreis in den Trümmern. Nach drei Tagen fanden wir im Schutt die Aktentasche unseres Vaters und ein Ohr, das wir wegen seiner charakteristischen Form unschwer als seins erkannten. Dieses Ohr wurde mit einigen sterblichen Überresten in einer der damals üblichen Holzkisten auf dem für die Bombenopfer eingerichteten Areal des Kasseler Hauptfriedhofs beigesetzt.

Tief eingegraben haben sich die furchtbaren Bilder jener Tage: die aufgereihten Toten und die vielen noch unbestatteten Leichen auf dem Hauptfriedhof. Erschütternd die bleiche junge Frau mit dem Säugling an der Brust! Der Tod war alltäglich und allgegenwärtig. Der Wahnsinn wurde ertragen."

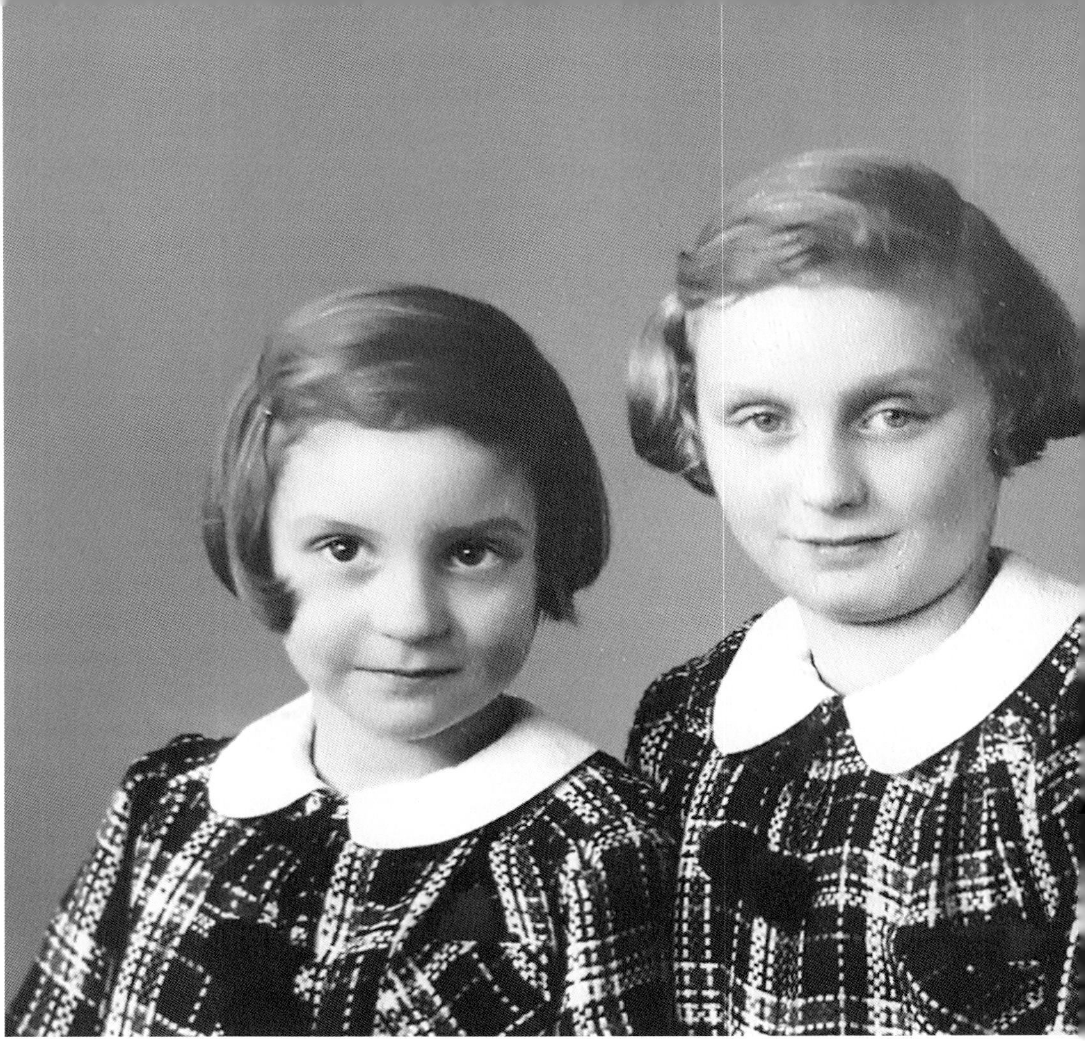

Durch das Flammenmeer zum Weinberg

Helga Ries, Jahrgang 1935, lebte mit ihrer Familie in der Jordanstraße 8.

„Ich habe am frühen Abend des 22. Oktober mitbekommen, wie mein Vater mit meiner Mutter geflüstert hat", erinnert sich Helga Ries. Sie war damals acht Jahre alt und bekam mit, dass es um einen befürchteten schweren Bombenangriff ging. Wenig später heulten die Sirenen. In den Keller des Hauses hatte ihre Mutter Decken und einige Eimer Wasser mitgenommen. Das sollte ihnen später das Leben retten.

Als der Angriff vorbei war, gingen sie raus auf die Jordanstraße. „Überall lagen brennende Balken, es war furchtbar", erinnert sich Helga Ries. Ihr Vater habe sie damals über den Schutt und durch die Flammen getragen. Die Mutter rannte mit der äl-

Das Familienfoto überstand die Bombennacht. Helga Ries ist ganz links zu sehen.

teren Schwester hinterher. Alle waren sie in nasse Decken gehüllt. Über die Karthäuser Straße, die Ulmenstraße und die Wilhelmshöher Allee kämpften sie sich Richtung Weinberg durch. Das Ziel war die Grünfläche am Fürstengarten.

Die Familie verbrachte die Nacht im Freien. Von hier konnte man die halbe Stadt überblicken. „In der Südstadt ging es noch, aber hinter dem Theater in der Altstadt brannte alles lichterloh", sagt Helga Ries. Die Familie kam in den nächsten Tagen bei einem Onkel an der Goethestraße unter.

An der Jordanstraße sei nach der Bombennacht nur ein Haus halbwegs unbeschädigt gewesen. Alle anderen, auch das, in dem Helga Ries wohnte, wurden zerstört.

Helga Ries

Der Friedrichsplatz nach der Bombennacht im Oktober 1943.

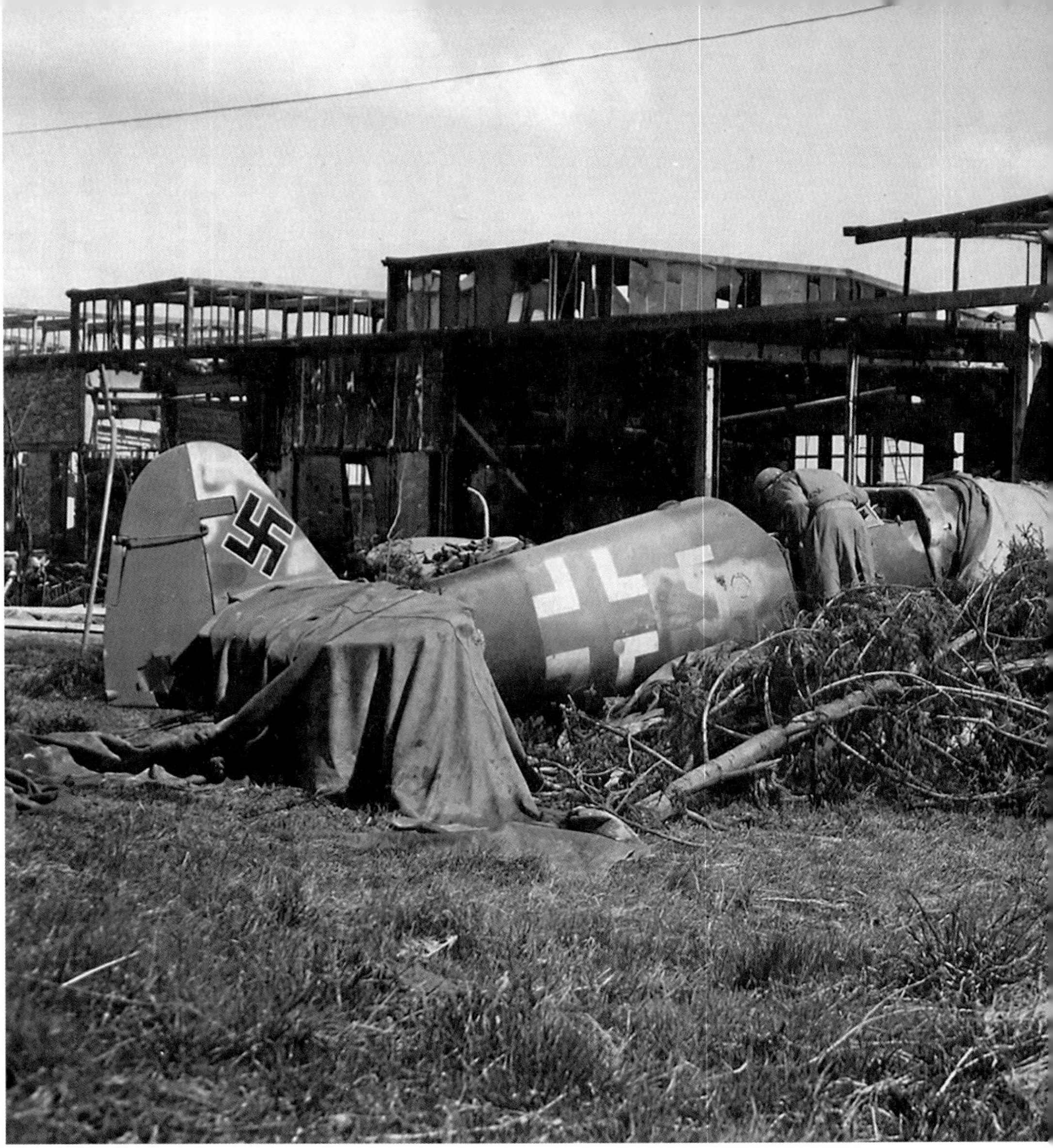

Zum Helfen nach Kassel

Heinrich Kurth, Jahrgang 1928, aus Altenbauna war damals 14 Jahre alt und hatte gerade eine Lehre bei Henschel-Flugmotoren in Altenbauna angefangen. „Wir wohnten gleich nebenan“, sagt Heinrich Kurth, der von klein auf Heiner gerufen wird. Mit der Bombennacht vom 22. Oktober verbindet er brennende Häuser und den Versuch, noch irgendwelche Habseligkeiten zu retten. „Ich habe von Altenbauna gesehen, was los war und habe mich auf den Weg nach Kassel gemacht, um zu helfen“, sagt er.

Nur noch Trümmer. Heiner Kurth arbeitete bei Henschel Flugmotoren. Das Foto entstand kurz nach dem Krieg.

Heiner Kurth

Wahrscheinlich ist er mit der Straßenbahn gefahren, aber das weiß er nicht mehr genau. Geholfen hat er im Quartier zwischen dem Karlsplatz und der Neuen Galerie. Solange in den Häusern nur der Dachstuhl brannte, konnte man Möbelstücke, Garderobe und Wertgegenstände retten. Immer wieder habe es Explosionen gegeben. Der 14-Jährige hatte schon eine ganze Reihe von Luftangriffen erlebt. Auch das Flugmotorenwerk von Henschel in Altenbauna – auf dem Gelände entstand später das VW-Werk – war wiederholt bombardiert worden. Aber so schlimm wie in dieser Nacht sei es nie zuvor und nie danach gewesen. Bis in die Morgenstunden blieb er in Kassel und sah, wie fast die gesamte Altstadt zerstört wurde. „Überall waren Flammen, und man spürte einen Luftzug durch die Hitze", sagt Heiner Kurth.

Ein knappes Jahr später wurde er als Flakhelfer verpflichtet. Am Gut Kragenhof war er im Einsatz und später in Sandershausen. Am 22. September 1944 bekam er zwei Bombensplitter ab. „Einer wurde rausoperiert, den anderen habe ich heute noch", sagt der 89-Jährige. Bei Sicherheitskontrollen vor Flugreisen müsse er immer ein Schreiben vorlegen. Aus dem geht hervor, warum er dieses Stück Metall im Körper hat.

Mutter und Tochter allein zu Hause

Gisela Rabe

Gisela Rabe, Jahrgang 1930, hat in einem der schönsten Häuser der Kasseler Altstadt gewohnt. „Das war das Kulturhaus direkt am Königsplatz", sagt Gisela Rabe. Ihr Vater hat sich damals um die Hausverwaltung gekümmert, um die Veranstaltungsräume, die Büros, die Heizung und die Lagerräume. Die Familie hatte in dem Haus eine geräumige Wohnung. „Das war ein tolles Gebäude, wir haben da leider nicht lange gewohnt", sagt Gisela Rabe.

In der Bombennacht war sie mit ihrer Mutter allein im Haus, ihr Vater hatte in Marburg zu tun. Als die Sirenen heulten, gingen Mutter und Tochter in den Keller. Hier gab es eine Gaststätte, die aber auch nur begrenzt Schutz bot. Im Zentrum der Stadt brannten bald alle Häuser. Gisela Rabe und ihre Mutter flüchteten durch einen Mauerdurchbruch und rannten durch die brennende Mauerstraße Richtung Lutherplatz. Doch hier gab es kein Durchkommen mehr.

An brennenden und einstürzenden Häusern vorbei schafften sie es bis zum Königsplatz. „Dort wären wir vergleichsweise sicher gewesen, aber wir durften nicht bleiben", sagt Gisela Rabe. Von überforderten Sicherheitsposten wurden sie Richtung Friedrichsplatz gescheucht. „Vor uns rannten Leute mit nassen Decken über dem Kopf, das war unsere Rettung", erzählt die heute 87-Jährige. Mutter und Tochter fanden ebenfalls Schutz unter Decken und schafften es so halbwegs unbeschadet durch das Flammenmeer. „Mein Vater hat uns später erzählt, dass er den Feuerschein von Marburg aus gesehen hat", sagt Gisela Rabe. Einen Tag nach der Bombennacht trafen sie sich vor der Ruine des Kulturhauses am Königsplatz.

Der Feuersturm

In der Kasseler Bombennacht vor 75 Jahren gab es einen Feuersturm. Thomas Schmidt, Leiter der Kasseler Berufsfeuerwehr, erklärt das Phänomen:

Wieso bildet sich ein Feuersturm und was bewirkt er?

Schmidt: Der Feuersturm entsteht durch aufsteigende Luftmassen bei großen Flächenbränden insbesondere begünstigt in Kessellagen wie in Kassel. Die erwärmte Luft steigt nach oben und erzeugt am Boden einen Unterdruck, der durch nachströmende Luftmassen aus der Umgebung ausgeglichen wird. Die nachströmende Frischluft facht dann den Brand wieder an, was zu einem Aufschaukeln der Intensität führt.

Woran starben die meisten Menschen in den Luftschutzkellern?

Schmidt: Die Menschen starben an Sauerstoffmangel und den enormen Temperaturen, die insbesondere in der Altstadt herrschten.

Viele Zeitzeugen berichten von geröteten und entzündeten Augen. Wie ist das zu erklären?

Schmidt: Die entzündeten Augen kommen von den hohen Temperaturen. Die Feuchtigkeit auf dem Augapfel verdunstet und kann durch die Tränenflüssigkeit und Lidschlag nicht ausreichend ausgeglichen werden. Das Lid reibt dann am trockenen Augapfel. Beißender Rauch begünstigt die Entzündung ebenfalls.

Thomas Schmidt von der Kasseler Berufsfeuerwehr, der mit dem Feuerwehrverein auch Führungen durch den Weinbergbunker anbietet.

Werner Sommer mit seinem Wehrpass.

Liebesgeschichte in der Bombennacht

Kann es zur Bombennacht vom 22. Oktober 1943 auch eine Liebesgeschichte geben? Selbst das passierte. Der damals 15-jährige Werner Sommer lernte ausgerechnet in dieser Nacht seine spätere Frau kennen.

Etwas frühreif sei er damals wohl gewesen und auf jeden Fall ein Draufgänger. Im Gegensatz zu vielen anderen Zeitzeugen verbindet Werner Sommer mit der Bombennacht am 22. Oktober 1943 auch ausgesprochen schöne Erinnerungen. „Da habe ich meine spätere Frau kennengelernt", sagt er und lächelt. Die Geschichte begann mit einer Fahrt in der Straßenbahn.

Am frühen Abend des 22. Oktober 1943, einem Freitag, war der 16-jährige Werner mit der Tram auf der Frankfurter Straße Richtung Niederzwehren unterwegs. Nicht, weil er ein konkretes Ziel gehabt hätte. „Da arbeitete ein Mädchen, das ich kannte, als Aushilfsschaffnerin", sagt er. Hübsch sei sie gewesen, und er wollte während der Fahrt einfach mal mit ihr plaudern.

Lehre bei Berghöfer

Mit seinen 15 Jahren hatte der junge Mann gerade eine Lehre bei der Firma Berghöfer in der Südstadt begonnen. Auch damals hat die Firma Schläuche hergestellt. „Für die Wehrmacht, das war kriegswichtige Produktion", sagt Werner Sommer. Das Firmengelände war nicht weit entfernt vom Wohnhaus seiner Eltern an der Frankfurter Straße. Zudem war er als Melder für die Gauleitung verpflichtet worden. „Da war ich oft mit dem Motorrad unterwegs", sagt er. Für einen Jungen in seinem Alter sei das toll gewesen.

Das Hochzeitsfoto von Werner Sommer und seiner Frau Elli.

Auch der Abend in der Straßenbahn fing gut an. Den Weinberg runter, am Haus der Eltern vorbei, Richtung Park Schönfeld. Zwischen den Stationen blieb genug Zeit, sich zu unterhalten. Und dann gab es Fliegeralarm. Besonders beeindruckt hat ihn das Heulen der Sirenen zunächst nicht. Das kam häufiger vor. Der erste Flieger, der die Zielmarkierungen setzte, sah für ihn auch noch nicht besonders furchteinflößend aus. Aber dann wurde das Brummen immer lauter, so viele Flieger am Abendhimmel über Kassel hatte er noch nie gehört. „Bei uns in Niederzwehren fielen zwar keine Bomben, aber die Erschütterungen haben wir deutlich gespürt“, sagt er. Die Straßenbahn blieb unter der Eisenbahnbrücke in Höhe der heutigen Credéstraße stehen.

In der Bombennacht kennengelernt

Als keine Bomben mehr fielen und die Flugzeuge abgedreht waren, machte sich Werner Sommer zu Fuß auf den Weg. Er wollte zu seinen Eltern, von denen er wusste, dass sie Schutz im Weinbergbunker suchen würden. Hier traf er im Eingangsbereich eine Bekannte, die auch Lehrling bei Berghöfer war. „Das war mein Glück“, erzählt Werner Sommer. Denn die Bekannte war mit einer anderen jungen Frau befreundet, die ebenfalls in diesem Bereich des Weinbergbunkers Schutz suchte. So sind sie ins Gespräch gekommen.

„Ich habe meine Elli in der Bombennacht kennengelernt“, sagt Werner Sommer. Dass das Haus in dem er mit seinen Eltern an der Frankfurter Straße 45 wohnte, zerstört wurde, erzählt er nebenbei. Viel wichtiger war das Treffen im Bunker. Es war der Beginn einer langen Liebe.

Spaziergänge in der Aue

Mehrfach haben sie sich bei weiteren Bombenangriffen im Bunker getroffen. Dort verabredeten sie sich und gingen in der Aue spazieren. Das sei trotz der Schrecken des Krieges sehr schön gewesen, erinnert sich Werner Sommer. 1950 hat sich das Paar verlobt, die Hochzeit war 1952. „Wir waren 64 Jahre verheiratet und auch ohne Kinder sehr glücklich“, sagt Werner Sommer mit Wehmut in der Stimme. Seit zwei Jahren ist er Witwer.

Werner Sommer während seiner Zeit als junger Soldat.

Die Ihringshäuser Straße nach einem Bombenangriff.

Flucht über die Gleise

Die meisten Zeitzeugen der Kasseler Bombennacht haben den 22. Oktober 1943 als Kinder oder Jugendliche erlebt. Erna Gang, Jahrgang 1920, war damals eine junge Frau von 23 Jahren und arbeitete bereits als Lehrerin. Sie war auf dem Rückweg von einer Fortbildung in Frankfurt/Oder und wollte über Berlin und Kassel nach Marburg zu ihren Eltern fahren. „Kurz vor dem Kasseler Hauptbahnhof gab es Alarm“, erinnert sie sich. Darauf hätten sie und die anderen Fahrgäste eher genervt als verängstigt reagiert. Jetzt komme man wahrscheinlich erst mit Verspätung am Ziel an, so die Befürchtung.

Es sollte sehr viel schlimmer werden. Als die ersten Bomber zu hören waren, legten sich alle auf den Boden des Waggons, für den Fall, dass Tiefflieger auf den Zug schießen würden. Davon blieben sie verschont. Doch dann fielen die ersten Bomben und bald immer mehr. Die Erschütterungen hat Erna Gang gespürt und später auch den Feuerschein gesehen. Irgendwann ist sie aus dem Zug herausgeklettert und mit anderen zusammen am Bahnsteig entlanggelaufen. „Wir wollten nur weg und haben uns an den Schienen orientiert“, sagt sie. Wie lange sie unterwegs war, weiß sie nicht mehr. Als es

Erna Gang (das Mädchen rechts) auf einem Familienfoto Mitte der 1920er-Jahre.

Nur noch Trümmer: So sah es am Kasseler Rangierbahnhof nach dem Großangriff aus. Im Hintergrund ist der Kirchturm von Rothenditmold zu sehen. Auch der Hauptbahnhof wurde schwer beschädigt.

langsam wieder hell wurde, habe sie einen anderen Zug erreicht, der während des Bombenangriffs ebenfalls stehen geblieben war. Der fuhr dann nach einer Weile weiter in Richtung Süden.

Irgendwann am 23. Oktober sei sie dann bei ihren Eltern in der Marburger Südstadt angekommen. „Ich habe mich aufs Bett gesetzt und nur noch geheult", erinnert sie sich.

Die Auswirkungen der Bombennacht hat sie erst Jahre später gesehen. Mit ihrem Mann, der bei der Landeskirche arbeitete, zog sie in den 1950er-Jahren nach Kassel. Heute lebt die Witwe und Mutter von vier Kindern in einem Seniorenheim. Im Schrank steht unter anderem ein Foto von ihrem Bruder, der mit 25 Jahren in Russland gefallen ist. Sie vermisst ihn immer noch. Bis heute wirken die Erlebnisse von damals nach. „Wenn ich eine Sirene höre, bekomme ich Gänsehaut", sagt sie. Der Krieg sei ein scheußliches Kapitel in ihrem langen Leben gewesen.

Erna Gang

Hausruine in der Nachbarschaft: Aus ihrer Wohnung an der Beethovenstraße hat der Vater von Waltraut Fuhrmann heimlich dieses Foto gemacht. Eigentlich war das verboten.

Bombe aus dem Haus getragen

Auch in der Kasseler Südstadt gab es in der Bombennacht große Zerstörungen. Waltraut Fuhrmann, Jahrgang 1930, hat ihre Erinnerungen an den 22. Oktober 1943 aufgeschrieben:

„Meine Eltern und ich wohnten damals in der Beethovenstraße 2 und hörten im Radio, dass feindliche Bomber Im Anflug waren. Alle Hausbewohner glaubten, in einem ausgebauten Keller sicher zu sein. Es war schon dunkel, als es Vollalarm gab. Schnell wurden die gepackten Koffer und Taschen in den Keller gebracht. Die meisten Bewohner unseres Hauses standen an der Haustür. Auch wir drei Kinder, meine Freundin, 15 Jahre, unser Freund, 14 Jahre, und ich, 13 Jahre alt.

Wir hörten das Brummen vieler Flugzeuge. Die Flakstellung an den Bahngleisen in Niederzwehren suchten die Flugzeuge, und die Flak fing an zu schießen. Jetzt sind wir dran! Wir hörten im Keller das Brummen der Flugzeuge und duckten uns, wenn die Bomben heulten.

Alle Dächer abgedeckt

Die noch nicht zur Wehrmacht eingezogenen Männer öffneten die Haustür, um zu sehen, was los ist. In unserem Viertel waren alle Dächer abgedeckt und brannten. Wir mussten auf den Dachboden, die Flammen löschen. ‚Ihr drei Kinder kommt mit', hieß es. Von oben sahen wir die anderen benachbarten Häuser brennen. Bei uns standen Wannen und

Eimer mit Wasser, Besenstiele mit Scheuertüchern umwickelt. Wir Kinder tauchten sie in Wasser und schlugen jeden Funken aus, der von den brennenden Nachbarhäusern aufs Dachgebälk fiel. Das ging solange, bis unsere Kräfte versagten und wir vor Müdigkeit im Keller einschliefen.

Die Erwachsenen kontrollierten die ganze Nacht über alle Wohnungen. Wir wohnten im dritten Stock. Früh, als es hell wurde, entdeckten wir im Schlafzimmer meiner Eltern auf der Marmorplatte der Kommode einen Brandkanister. Der war wahrscheinlich quer aufgekommen und deshalb nicht explodiert.

Waltraut Fuhrmann

Mit der Phosphorbombe auf dem Arm

Mein Vater sagte: ‚Ich ziehe Lederjacke und Handschuhe an und trage die Bombe vorsichtig die Treppen runter und raus.' Unser Hauswirt sagte: ‚Das mache ich.' In Hemdsärmeln nahm er die Fünf-Kilo-Phosphorbombe aus unserem Schlafzimmer. Ich rannte vor ihm her, warnte alle Hausbewohner: ‚Achtung, jetzt kommt die Brandbombe!' Sie wurde auf der anderen Straßenseite vorsichtig abgelegt. Im Laufe des Vormittags wurde dort weitgehend abgesperrt. Was dann mit ihr passierte, weiß ich nicht mehr.

In unserem Garten an der Menzelstraße war seit diesem Tag ein Bombentrichter, der sich mit Wasser füllte. So hatten wir immer Gießwasser, um unser Gemüse zu gießen. Wir brauchten nicht mehr zum Küchengraben in die Aue, um Wasser zu schleppen."

Die junge Waltraut.

Der Friedrichsplatz nach der Bombennacht.

Die ganze Stadt brannte lichterloh

Als junge Frau erlebte Gisela Baumert, Jahrgang 1924, die Bombennacht im Haus ihrer Eltern an der Mönchebergstraße 31. Sie erinnert sich:

„Zur Zeit des Fliegerangriffs vom 22./23. Oktober 1943 war ich 19 Jahre alt und wohnte mit meinen Eltern in deren Haus an der Mönchebergstraße 31. Mein Vater war schon seit dem 1. September 1939 laut Mobilmachungsstelle morgens um 5 Uhr zur Wehrmacht eingezogen worden. Bis zu diesem Zeitpunkt hatte er ein Fuhrunternehmen mit sieben Lastwagen, zu dem auch die Fahrer der Fahrzeuge und LKW gehörten. All das war Teil der Mobilmachung. Meine Mutter und ich waren schockiert. Noch im Frieden hatten wir als Unternehmer an alle Bewohner je zwei Eimer Sand ausgeliefert – mein Vater als Fahrer, meine Mutter als Schipper. Das war zur Sicherheit so angeordnet worden und kostete 90 Pfennig.

Gisela mit ihrem Vater.

Gisela Baumert

Mein Vater war als Soldat in Frankreich stationiert und am 22./23. Oktober 1943 gerade auf Urlaub zu Hause. Bei Alarm gingen wir drei in den Keller. Am Himmel waren die sogenannten Christbäume zu sehen, die alles erhellten, und Fluggeräusche und Einschläge in der Ferne zu hören. Wir waren gewarnt und ließen alles mit Herzklopfen über uns ergehen.

Nach Stunden wagten mein Vater und ich uns nach oben. Es waren gespenstische Bilder. Der Himmel war rot gefärbt, und die ganze Stadt brannte lichterloh. Funken so groß wie ein Tennisball flogen durch die Luft. Mein Kleid bekam einige Löcher davon. Wir sahen, dass unser Haus brannte. Die Wasserleitungen waren zerstört. Hilflos mussten wir mit ansehen, wie unser Haus niederbrannte. Die beiden Nachbarhäuser – ein Pfarrhaus und ein Mehrfamilienhaus – waren nicht betroffen. Aber es konnte uns keiner helfen.

Im Krankenhaus behandelt

Mein Vater und ich versuchten, aus unserer Wohnung im Erdgeschoss zu retten, was wir für wichtig hielten, und in den Keller zu bringen. Dann saßen wir an der Straße auf dem Bordstein und glaubten, blind zu sein. Wer uns in das nahe gelegene Krankenhaus zur Behandlung brachte, weiß ich nicht mehr. Von dort wurde mit meiner verheirateten Schwester in Villingen im Schwarzwald telefoniert. Und mit dem Bruder meiner Mutter in Großalmerode, der uns in seinem Haus ein Zimmer zur Verfügung stellte.

Das Hobby des Vaters: Julius Baumert (links) war ein begeisterter Motorradfahrer. Dritter von links ist der Architekt Paul Bode.

Die im Keller des stark beschädigten Hauses deponierten Habseligkeiten der Familie wurden kurze Zeit später zerstört. Mehrere Tage nach dem 22. Oktober ging noch eine Bombe hoch. Das kam häufiger vor. Teilweise waren es Blindgänger, teilweise Bomben mit Zeitzünder.

Gisela Baumert als junge Frau.

Mein Vater hatte in seinem Fronturlaub einen alten Faun-LKW ergattert, angetrieben von einem Holzvergaser. Es wurden säckeweise kleine Holzstücke verwendet, um ihn in Gang zu bringen. Besser kann ich das nicht beschreiben. Damit transportierte er uns nach Großalmerode. Meine sehr kranke Mutter, die vier Wochen später starb, blieb in Großalmerode. Mein Vater und ich fuhren nach Kassel. Nach dem Tod meiner Mutter war ich Halbwaise – volljährig wurde man damals mit 21 Jahren."

Noch anderthalb Jahre bis Kriegsende

Bis zum Kriegsende waren es nach der Bombennacht noch anderthalb Jahre und Gisela Baumert schlug sich mit ihrem Vater durch: „Mein Vater ließ sich mit dem Holzlaster bei den Junkers-Flugzeugwerken in Kassel zum Kriegsdienst verpflichten. Ich machte meinen Abschluss an der Höheren Handelsschule Kassel, leistete danach Arbeitsdienst in Großenlüder, dann Kriegsdienst beim Landesernährungsamt in Kassel an der Humboldtstraße bis 1945. Allerdings wurden wir dort ausgebombt, zogen ins Auefeld an die Wittichstraße (heute Heinrich-Heine-Straße). Wir durften die Büros aber bei Voralarm noch nicht verlassen, erst beim Hauptalarm. Dann

In diesem Haus in der Mönchebergstraße wohnte die Familie.

rannten wir in Richtung Weinbergbunker. Dort waren Menschenschlangen vor den schweren Eingangstüren, die von Tieffliegern beschossen wurden.

Im Bunker war die Beleuchtung ausgefallen. Notstrom wurde durch Drehen an Apparaten mit Hand erzeugt – gespenstisch. Mensch an Mensch im Dunkeln. Über uns hörten wir Bomben einschlagen. Aber wir haben überlebt. Auch in der Wittichstraße wurden wir ausgebombt und zogen mit dem Amt in die frühere Reinhardswaldschule in Simmershausen.

Inzwischen hatten mein Vater und ich in Helsa im Haus von dem Direktor der Basaltwerke zwei Zimmer zugewiesen bekommen. Eins im Erdgeschoss und eins im Dachgeschoss. Ich kochte uns, was immer wir gerade organisiert hatten. Wir fuhren täglich von Helsa nach Kassel und abends wieder zurück. Von Helsa kommend, nahmen wir in Oberkaufungen das erste Grüppchen Menschen mit. Alle hinten auf der Pritsche. In Niederkaufungen wiederholte sich das. Am Bauhof Bettenhausen mussten alle aussteigen, denn mein Vater musste seinen Dienst bei Junkers antreten.

Zu Fuß nach Simmershausen

Zu Fuß gingen dann alle (zwischen zehn und 15 Personen) in Richtung Hauptbahnhof in der Hoffnung auf einen Bus nach Simmershausen. Manchmal kam einer. Meistens aber machten wir uns zu Fuß auf den Weg durchs Schocketal. Es wurde sich eifrig unterhalten und oft sogar gesungen. Wir hatten ja schon viel Schlimmeres erlebt.

In Helsa befand sich ein Panzerwerk. Das war kurz vor dem Kriegsende bombardiert worden. Wir waren dort also nicht mehr sicher. Zwischenzeitlich hatten die Junkers-Werke in Helsa auf einem Grundstück gegenüber vom Schwimmbad fünf kleine Einfamilienhäuser für ihre leitenden Angestellten gebaut. Eins davon hatte mein Vater gekauft, und wir lebten darin. Einige Tage vor dem Kriegsende luden wir Matratzen und das Nötigste auf den LKW und begaben uns in das nahe gelegene Lautenbachtal im Wald auf dem Berg."

Im Lautenbachtal erlebten Vater und Tochter das Kriegsende. An der Stelle des zerstörten Hauses der Familie an der Mönchebergstraße wurde wieder gebaut. Hier befindet sich heute ein Studentenwohnheim.

Blick über die Fulda auf die zerstörte Innenstadt.

Das Staatstheater wurde zwar beschädigt, stand aber noch.

In diesem Haus an der Frankfurter Straße wohnte die Familie von Hansgeorg Kling.

Wir retteten uns in das Ehrenmal

Hangeorg Kling, Jahrgang 1936, hat seine Erinnerungen an die Bombennacht aufgeschrieben:

„Bis zur Ausbombung am 22. Oktober 1943 wuchs ich in der Frankfurter Straße in Kassel auf, also mitten in der Oberneustadt. Städtebauliches Zentrum war die Karlskirche, wir wohnten ihr gegenüber, an der Frankfurter Straße 21.

Ich habe aus dieser Zeit im Wesentlichen folgende Gegebenheiten vor Augen:

Zum einen das Spielen auf der Schönen Aussicht, auf einer Seite prachtvoll bebaut, auf der anderen Seite der Abbruch hinab zur Karlsaue und der Blick ins Grüne. Zum anderen ab 1942 meinen Schulweg am Weinberg hinab in die Bürgerschule 29 (am Philosophenweg), den ich mir öfter verschönte durch die Heimfahrt mit der Straßenbahn – eine Station, bis zum Rathaus, trotz des Verbots der Eltern. Den sanften Fahrtwind auf dem offenen ‚Perron' vergesse ich nie. Zum dritten das stundenlange Verharren im Luftschutzbunker unter dem Weinberg, wenn Bombenangriffe auf Kassel geflogen wurden. Mein Vater, ein Handwerksmeister, war im Krieg. Das Friseurgeschäft führte mein Großvater. Zu den Nachbarn bestand eine freundschaftliche Nähe: zum Fleischer, zum Bäcker, zum Inhaber des Zigarrengeschäfts und zu „Onkel Konrad", der war Bäckerei-Zulieferer, sodass es bei ihm immer mal etwas Süßes gab. Zu den Höhepunkten dieser Zeit gehörte es, dass ich immer einmal einige hundert Meter auf dem Fuhrwerk mitfahren durfte, wenn das gegenüberliegende Milchgeschäft beliefert worden war.

Der Vorzug der Lage an der Frankfurter Straße war, dass wir einerseits in der Innenstadt wohnten, 150 Meter vom Rathaus und vom Lebensmittelgeschäft entfernt. Andererseits war es nahe an der Aue, sodass ich als Dreijähriger im November die „Schwan-Enten" an den dortigen Wassergräben mit „Sauerkraut" füttern konnte. Sprich, ich fütterte die Schwäne mit vergammeltem Gras.

In der Bombennacht schafften wir es nicht mehr zum Weinbergbunker. Aber die Kellerdecke unseres Hauses hielt, bis das Schlimmste vorbei war. Wir kletterten durch die Kellerfenster auf die Georgenstraße (heute: Hugenottenstraße), die von brennendem Phosphor übersät war. Das gegenüberliegende Haus Frankfurter Straße 23 zeigte nur noch die Fensteröffnungen und das dahinter tobende Feuer Alles glühte.

Wir retteten uns in das „Ehrenmal" am Aue-Abhang und von da am nächsten Morgen zu Bekannten in die Malsburgstraße nahe der Stadthalle: Die Bilder des zerstörten Kassel auf dem Weg dorthin, auch eine der von mir geliebten Straßenbahnen in der Nähe des Bebelplatzes war fast ganz verschüttet, habe ich deutlich vor Augen. Noch am selben Tag ging es ins 43 km entfernte Borken, wo wir bei Bekannten unterkamen. Alles war verloren.

Hansgeorg Kling als Schüler.

Hier in Borken, bekannt durch sein Braunkohlekraftwerk, erlebte ich das Kriegsende Anfang April 1945, sah zu, wie die Amerikaner die nahe Post besetzten und dort residierten. Wenn man sie um Schokolade oder Kaugummi bat, wurde man freundlich damit bedacht.

Befreit von Bomben und Sirenen konnte ich jetzt verschiedenste Aktivitäten entfalten. Aus alter Anhänglichkeit an Kassel ging ich seit dem Herbst 1946 dort ins Realgymnasium in der Kölnischen Straße (die heutige Albert-Schweitzer-Schule), an dem ich 1956 Abitur machte. Es ist dieselbe Schule, an der ich nach dem Studium in Marburg und Wien von 1964 ab 36 Jahre lang Lehrer war.

Wenn ich an den Krieg zurückdenke, werden die Streitereien der letzten Jahre um Europa und um eine vermeintliche Überbürokratisierung durch Brüssel zu Kleinigkeiten."

Hansgeorg Kling

Auch die Martinskirche lag in Trümmern.

In Großvaters Keller

Hansjörg Melchior, Jahrgang 1937, war Chefarzt der Urologie am Klinikum, Initiator des Bürgerpreises „Glas der Vernunft“ und Leiter des documenta-Forums. Er ist Zeitzeuge der Kasseler Bombennacht und erinnert sich an diese Zeit:

„Im Herbst 1943 kam ich in Kassel in die Volksschule Herkulesstraße. Das war auch die Zeit der ersten Bombenangriffe. Großvater hatte in seinem Haus Frankfurter Straße 155 den alten Gewölbekeller ‚einsturzsicher‘ mit dicken Eichenstämmen und den Kellerausgang mit einem Betonvorbau sichern lassen. Wenn Fliegerangriffe drohten, wurden wir vom Grünen Waldweg in die Frankfurter Straße gebracht, wo auch Notbetten für uns standen.

Dann aber kam der 22. Oktober 1943. Großmutter hatte eigentlich alles für Vaters 44. Geburtstag am 23. Oktober vorbereitet, vor allem einen ‚Frankfurter Kranz‘ gebacken, Vaters Lieblingskuchen. Am späten Nachmittag schrillte das Telefon und der Vater sagte: ‚Sofort das Nötigste zusammenpacken und ab in die Frankfurter Straße, Bomberverbände sind im Anflug auf Kassel.‘

Hansjörg Melchior

Mutter war im sechsten Monat schwanger, Jochen im Kinderwagen, Klaus saß auf einem Kuchenbrett auf dem Kinderwagen, ich konnte laufen. Im Eilschritt ging es über den Wehlheider Friedhof, die Schönfelder und Roonstraße (heute Ludwig-Mond-Straße) vorbei an der Jägerkaserne zum Haus der Großeltern.

Heulende Sirenen

Kaum waren wir dort angekommen, heulten die Sirenen, das Brummen der nahenden Bomber war zu hören und das Inferno begann: das Heulen der Bomben, das Krachen der Explosionen, das Hämmern der Flak im Auefeld, die ersten Treffer in den Nachbarhäusern, Verletzte, die aus den Nachbarkellern in unseren kamen, weinende Menschen, schreiende Kinder die ganze Nacht hindurch bis zum Morgen. Dann war Ruhe, es roch nach Rauch, das Knistern von Feuer war zu hören. Vater kam vom Noteinsatz, ihm wurde zum Geburtstag gratuliert.

Endlich Entwarnung! Langsam ging es durch den Notausgang ins Freie. Die Häuser rechts und links waren schwer beschädigt und teilweise ausgebrannt, unser Haus nur in den oberen Geschossen beschädigt, aber nicht in Flammen. Auf der Straße saßen die Menschen mit ihren Habseligkeiten, die sie aus den Trümmern bergen oder retten konnten, Aufräumkommandos versuchten die Straße frei zu machen – ein unglaubliches Chaos. Vater kam aus dem Kinderkrankenhaus und sagte nur: ‚Packen!‘

Hansjörg Melchior mit seinen beiden Brüdern.

Raus aus der Stadt

Koffer, Kopfkissen und Decken, Essensreste und Papiere wurden in Vaters Auto gepackt, dann ging es über die Frankfurter Straße, vorbei an den noch brennenden Häuserresten und zusammenkauernden Menschen, durch die völlig zerstörte Oberneustadt, über den Friedrichsplatz, wo Leichen aufgeschichtet waren, durch die völlig zerstörte Altstadt mit den noch qualmenden Resten der Fachwerkhäuser, über die Hafenbrücke – die Fuldabrücke war zerstört – raus aus der Stadt nach Ziegenhagen, wo wir in der Pension ‚Glashütte' ein vorläufiges Quartier fanden: anderthalb Zimmer für sechs Personen (Eltern, drei Kinder und ein Hausmädchen)! Gekocht wurde in der Gemeinschaftsküche der Pension. Die Großeltern und Onkel Eberhard mit Familie waren im gleichen Haus untergebracht.

Ich musste nun in Ziegenhagen zur Schule gehen: ein Lehrer, ein Klassenzimmer. Der Unterricht erfolgte in zwei Stufen. Von 8:00-10:00 Uhr die Klassen 5 bis 8, von 10:30-12:30 Uhr die Klassen 1 bis 4. Ich habe dort beten gelernt: ‚Ich kenne Dich wohl und habe Dich lieb mein Führer – heil Hitler! Guten Morgen, Herr Lehrer.' Schreiben und Rechnen wurden mir von Mutter beigebracht. Nicht selten wurden wir auf dem Schulweg von tief fliegenden Jagdflugzeugen überrascht, die mit Bordkanonen die Straße beschossen. Wir Kinder flüchteten dann stets in den Straßengraben. Bei größeren Angriffen auf Kassel konnten wir gut die Explosionen der Bomben hören und den Feuerschein über dem Steinberg sehen."

Nur noch Ruinen: So sah es nach der Bombennacht am Westring in der Nordstadt aus. Die Familie von Margot Stark wohnte in dem rechten Haus, von dem noch die Außenmauern stehen.

Aufsatz über die Bombennacht

Als 16-jährige Schülerin hat sie ihre Erinnerungen an die Bombennacht aufgeschrieben. Das war 1951. Bis heute hat Margot Stark (geborene Hahn) das Schulheft aufgehoben. Sie wohnte damals mit ihren Eltern in einem Mehrfamilienhaus am Westring 51 in der Nordstadt. In Schönschrift hat sie aufgeschrieben, wie sie den 22. Oktober 1943 überlebt hat:

„Als ob eben erst alles geschehen wäre, so deutlich steht es mir vor Augen. Fertig ausgezogen, saß ich auf einem Stuhl in der Küche und sollte gerade ins Bett gebracht werden, als die Sirene Vollalarm heulte. Schnell wurde ich wieder angezogen, und rasch ging es in den Keller. Hier saßen wir anfangs längere Zeit, ohne dass man draußen, außer einigen Flakschüssen, etwas hätte vernehmen können, bis auf einmal das Brummen großer Bombergeschwader hörbar wurde. Und auch sofort fielen schon die ersten Bomben. Ohrenbetäubender Lärm und Krach von dem Einschlagen der Bomben folgte, und auch wir spürten es deutlich im Keller, wie eine Bombe nach der anderen in unser Haus einschlug. Ja es brannte bald so lichterloh, dass wir nicht mehr aus unserem Haus hinaus konnten und im Keller einen Durchbruch zum Nebenhaus schlagen mussten.'

Das ganze Quartier in der Nordstadt wurde schwer getroffen. Es gibt Fotos, die die Zerstörung zeigen. Vom Westring waren es Luftlinie nur wenige hundert Meter zu strategisch wichtigen Angriffszielen wie dem Hauptbahnhof und Henschel.

Margot Stark schreibt weiter: „Auch von diesem Haus aus konnten wir uns noch nicht ins Freie wagen, sondern wir mussten uns erst noch alle durch eine schmale Röhre unter einer Straße hindurchzwängen, ehe wir von einer Bäckerei aus ins Freie gelangen konnten. Aber was für ein Anblick uns sich hier bot, wird mir immer vor Augen stehen.

Feuerrot der Himmel und wie Tageslicht so hell die Nacht. Glühende Balken stürzten hernieder, Häuser sackten in sich zusammen, und Menschen schrien nach ihren Angehörigen. Von Lotsen wurden wir gepackt, weil jedermann Angst hatte, die Straße in diesem Feuerregen zu überqueren, und ehe ich mich versah, hatte ich in dem Gewühl meine Mutter verloren. Aber so viel Verstand gab mir der Augenblick ein, dass ich nicht ‚Mama', rief, nämlich dann hätte ich meine Mutter nie wiedergefunden, sondern ich rief so laut wie ich nur konnte: ‚Frau Hahn!' und wirklich, da stand sie und wurde gerade von einem Lotsen gepackt, und ich konnte noch zu ihr eilen. In dem Keller eines gegenüberliegenden Hauses, das noch unbeschädigt war, fanden wir dann auch meinen Vater und meine Großmutter wieder; Mütter mit kleinen Kindern mussten zuerst die brennenden Häuser verlassen. Aber bald mussten wir auch aus diesem Keller wieder heraus und wurden alle auf den nahen Friedhof verwiesen."

Margot Stark mit 16 Jahren.

In der Bombennacht gerettet: Die Kaffeekanne war im Keller verstaut. Margot Stark bewahrt sie bis heute auf.

Der Hauptfriedhof war die einzige größere Grünfläche in der Nähe des Westrings. Hier wurden später auf einem eigenen Gräberfeld zahlreiche Bombenopfer bestattet.

„Hier standen wir nun mit unserem bisschen mitgeführten Hab und Gut und hatten zum ersten Mal ein wenig Zeit, das Geschehene überhaupt zu fassen", schreibt die 16-Jährige. „Der Bombenregen hatte nachgelassen, aber jetzt erst hatte das Feuer Zeit, sich richtig zu entfachen. Vor uns brannte das kostbare Innere des nahen Gotteshauses aus, und selbst der Friedhof war von Bombentrichtern nicht verschont geblieben …"

In dem Aufsatz beschreibt Margot Stark weiter, wie sie nach der Bombennacht zunächst eine Bleibe bei einem Freund der Familie fanden. Ihre Eltern konnten aus dem Keller des zerstörten Hauses am Westring noch einige Gegenstände retten. Mehrere Teller und eine große Kaffeekanne hat sie heute noch. Als Schülerin hat sie die Luisenschule besucht. Der Aufsatz über die Bombennacht wurde 1951 mit einer glatten Eins benotet.

Viele Wohn- und Geschäftshäuser lagen in Schutt und Asche.

Der Teddy war immer dabei

Ingeborg Lipp, Jahrgang 1935, lebte an der Schillerstraße. Sie hat ihre Erinnerungen aufgeschrieben:

„Ab September 1943 wurden die Angriffe häufiger, wir verbrachten manche Stunde im Keller und auch nachmittags war so oft Fliegeralarm, dass wir Kinder uns nicht mehr vom Hof wegbewegen durften. So manches Mal sind wir mit Spielsachen, Puppenwagen und Roller im Keller gelandet. So auch am 22. Oktober.

Es war ein schöner sonniger Herbsttag und wieder heulten nachmittags die Sirenen, während wir draußen spielten. So sausten wir mit allem, was wir dabei hatten in den Keller. Als nach einer Zeit das Entwarnungssignal zu hören war, ließen wir die Spielsachen im Keller zurück. Nach dem Abendbrot gingen wir wie immer, völlig bekleidet für einen nächtlichen Aufenthalt im Luftschutzkeller, zu Bett. Inzwischen hatten wir Routine. Bei Alarm raus aus den Federn, rein in die Schuhe, noch einen Mantel geschnappt, die Tasche mit den wichtigsten Papieren, ich meinen Teddy und nichts wie in den Keller. So auch an diesem Abend.

Ungewissheit im Bunker

Kaum war der letzte Sirenenton verhallt, hörte man schon das Zischen und Pfeifen der Bomben und enorme Einschläge, die die Wände erzittern ließen. Staub fiel von der Decke, alle begannen zu husten und viele weinten. Von Ferne hörten wir die Flak und dann wieder dieses Pfeifen und Detonationen. Dann ging das Licht aus, ein vielstimmiger Schrei und wir saßen im Dunklen.

‚Keine Angst', der alte Herr Zufall beruhigte die Gemüter. ‚Ich habe doch eine Petroleumlampe und ihr habt alle eure Taschenlampen.' Aber der furchtbare Lärm der Einschläge hielt unentwegt an. Fast eine Stunde dauerte der Angriff, dann kehrte Stille ein. Eine unheimliche Stille. Der alte Herr sagte: ‚Ich schau mal nach.' Auch Mutti meinte: ‚Ich geh' mal nach oben.' Aber sie kam sehr schnell wieder zurück und berichtete, dass oben alles kaputt sei, die Türen und Fenster zerschlagen, einen Schlüssel hätte sie nicht mehr benötigt und das Dachgeschoss brenne lichterloh. Die Flammen züngelten bereits am Treppengeländer. Entsetzen breitete sich aus.

Alle griffen gerade nach ihren Habseligkeiten, als ein junger Frontsoldat die Kellertreppe herunterkam. Er berichtete, dass das Treppenhaus schon voller Feuer und Qualm wäre und wenn wir nicht ersticken wollten, müssten wir schleunigst den Keller verlassen. Aber weil draußen selbst der Straßenbelag brenne, sollten wir sehen, dass wir festes Schuhwerk anhätten, unsere Gasmasken aufsetzen und unsere Decken oder Mäntel in die immer bereitstehenden Wassereimer und Wannen tauchen, um sie klitschnass über uns zu hängen. Wie gut der Rat war, merkten wir sofort, als wir aus der Haustür traten.

Durch eine Wand aus Feuer

Draußen war eine Wand aus Feuer und ein glühend heißer Wind fegte durch die Straße. ‚Lauft zum Unterneustädter Bahnhof', rief noch jemand. Mutti griff mich mit meinem Teddy, in der anderen Hand die Tasche mit den wichtigen Papieren und rannte los. Ungeachtet der anderen war jetzt jeder auf sich selbst gestellt. Wir stolperten über glühende Balken, die quer über der Straße lagen, noch immer fielen brennende Fensterrahmen hernieder, Funken sprühten, es knallte und zischte. Der immer noch flammende Phosphor verbrannte die Schuhsohlen. Aber wir erreichten das Ziel.

Auch dort brennende Güterwagen, glühheißes Metall, dem man ausweichen musste. Am Ende ein Bahnwärterhäuschen, in dem schon viele Menschen Zuflucht gesucht hatten. Sie machten bereitwillig Platz, sodass wir noch dazu passten. Es gab einen Wasserhahn und einen alten Metallbecher,

Die junge Ingeborg.

Ingeborg mit ihrer Mutter.

Ingeborg Lipp

aus dem alle schon getrunken hatten – der Durst war unbändig. Nur kurze Zeit konnten wir uns ausruhen. Ein Bahnbediensteter kam und scheuchte uns in alle Richtungen. ‚Ihr müsst hier weg', rief er aufgeregt, ‚die Kohlenhalde beginnt zu brennen.' Wir taumelten hoch und Mutti zog mich in Richtung der Flakaufbauten. Die dort noch verbliebenen Soldaten halfen uns und wir konnten auf dicken Decken ein wenig schlafen.

Am anderen Morgen versuchten wir erstmal zu unserem Haus in der Schillerstraße durchzukommen. Weinend standen wir vor dem rauchenden Trümmerhaufen. Es war fast unmöglich, zur Lutherkirche und zum Hauptbahnhof zu gelangen. Überall qualmte es noch und die Hitze war noch in den Straßen.

Die Stadt war nicht mehr wiederzuerkennen. Wo gestern noch ein hohes Gebäude gestanden hatte, waren nur noch Trümmer und ausgebrannte Fensterhöhlen. Überall sahen wir rußgeschwärzte Menschen, die herumirrten. Den Hauptbahnhof fanden wir auch nur als Ruine, aber dort waren Soldaten, die uns sagten, dass wir erst einmal zum Generalkommando in der Wilhelmshöher Allee gehen müssten, um uns registrieren zu lassen. Ein weiter beschwerlicher Weg. Aber dort konnten wir uns nach der Registrierung erst einmal notdürftig waschen und bekamen etwas zu essen und zu trinken. Nach der Ruhepause liefen wir weiter zum Wilhelmshöher Bahnhof. Nur von dort verkehrten Züge.

Wir standen ganz verloren in der Bahnhofshalle, als ein Bahnbeamter auf uns zukam. Es war unser Nachbar aus der Schillerstraße, der froh war, dass er in der letzten Nacht Dienst gehabt und den Angriff nicht in der Stadt erlebt hatte. Er freute sich, uns gesund und wohlbehalten zu sehen und fragte sogleich nach dem Zustand des Hauses, seiner Wohnung, nach den anderen Hausgenossen. Mutti erzählte, was wir erlebt hatten und er fragte: ‚Und wo wollt ihr nun hin?' Mutti antwortete mutlos: ‚Keine Ahnung.'

Mit dem Zug nach Treysa

Spontan sagte er: ‚Ihr fahrt am besten erst einmal mit mir nach Treysa, für euch zwei finden wir dort auch noch ein Plätzchen.' Dort lebte seine Familie bereits seit einigen Wochen bei seinen Schwiegereltern. Er begleitete uns zu einem Zug, der abfahrtbereit am Bahnsteig stand.

Ein Gegenzug fuhr ein. Viele Menschen mit Schaufeln und anderen Geräten, Rot-Kreuz-Schwestern und Frontsoldaten auf Heimaturlaub sahen wir aussteigen. Plötzlich drehte sich ein Soldat um und ich erkannte ihn. „Mutti, Mutti, da ist unser Papi!" Und schon war ich rausgerannt. Er war es tatsächlich. Auf Bombenurlaub, um der Familie bei der Evakuierung zu helfen. Leider zu spät. Die Freude war groß, dass wir am Leben waren und uns so schicksalhaft kurz vor der Abfahrt des Zuges noch getroffen hatten. Ich denke, dass in diesen Tagen viele Schutzengel unterwegs waren. Als unser Nachbar hinzukam, staunte er nicht schlecht und so fuhren wir eben zu dritt in ein neues Leben nach Treysa.

Gerettet aus dem alten Leben wurde übrigens nur ein Puppenwagen mit zwei Puppen, die den Angriff im Keller überstanden. Und natürlich mein Teddy, der jede Schreckensstunde miterlebt hat."

Vom Kaufhof in der Königsstraße blieben immerhin die Grundmauern stehen. Das Gebäude wurde erst nach dem Krieg abgerissen.

OF

Ursula Schultz, die vor ihrer Hochzeit Müller hieß.

Man müsste noch mal zwanzig sein

Ursula Schultz, Jahrgang 1923, lebte damals an der Hafenstraße. Zwei Wochen nach der Bombennacht hatte sie Geburtstag. Den Schlager „Man müsste noch mal zwanzig sein" mag sie bis heute nicht. „Alles war weg, zerstört, das war der schlimmste Geburtstag meines Lebens", sagt sie. Trotzdem hatte sie großes Glück.

Der Luftschutzwart war ein Arbeitskollege ihres Vaters aus der Herkules-Brauerei. Er hatte Erbarmen mit der jungen Frau, die flehentlich darum bat, doch noch rasch nach Hause zu den Eltern laufen zu dürfen. So hat Ursula Schultz die Bombennacht überlebt. Gleich zweimal durfte sie an jenem Abend vermeintlich sichere Schutzräume verlassen. Alle, die dort blieben, waren nach dem Bombenangriff tot. „Ich bin immer noch da", sagt sie.

Wenn auch manche Erinnerungen eines langen Lebens getrübt sind, kann sich die Seniorin, die alle Ulla nennen, minutiös an jenen Freitag erinnern, an dem sie zweimal dem sicheren Tod entkommen ist. Ursula Schultz, die damals noch Müller hieß, arbeitete in der Buchhaltung des Rüstungsbetriebes Arnold Kiekert und Söhne in Guntershausen. Das war ein Zulieferbetrieb für die Luftwaffe. Abends gegen 19 Uhr war sie mit dem Triebwagen zum Kasseler Hauptbahnhof gefahren. Von dort ging es zu Fuß weiter zur Wildemannsgasse, wo sie noch schnell etwas erledigen wollte. „Ich brauchte eine Unterschrift, damit mein damaliger Verlobter eine Wohnung bekommen konnte", erinnert sie sich. Der Verlobte sollte den Krieg nicht überleben.

Keller wurde zur Todesfalle

Gegen 20 Uhr gab es Fliegeralarm. Zusammen mit den Hausbewohnern aus der Wildemannsgasse musste sie in den Luftschutzkeller des Gebäudes neben der Gaststätte „Zur Pinne“. Die Keller sind in der Bombennacht zur Todesfalle für hunderte von Menschen geworden. Fast wäre die 19-Jährige auch unter ihnen gewesen. „Mir fiel ein, dass meine Eltern ja gar nicht wissen konnten, wo ich bin“, sagt Ursula Schulz. Sie bat die Luftschutzwarte, die Tür noch mal zu öffnen. Weil es nicht weit bis zu den Eltern war, wurde ihr das erlaubt. Zu Hause, das war und ist bis heute an der Hafenstraße.

Über die Wildemannsgasse und die Marktgasse kam sie noch über die Fuldabrücke. Dort lief sie am Holzmarkt den nächsten Luftschutzwarten in die Arme und wurde in den Schutzraum auf der anderen Straßenseite – ungefähr dort, wo heute die Firma QVC ist – geschickt.

Kollege des Vaters half

Diesmal kannte sie den Luftschutzwart, einen Arbeitskollegen ihres Vaters. „Lasst das Mädchen nach Hause, die wohnt doch gleich um die Ecke“, sagte der. Sie durfte auf den letzten Drücker raus aus dem Schutzraum. „Da bin ich sicher Weltrekord gelaufen, ich hatte ja auch Angst“, erinnert sich Ursula Schultz. Vor der Haustür schloss sie der Vater mit den Worten „Kind, dass du da bist“ in die Arme. „Wir haben beide geweint.“ Auch das Wohnhaus der Familie wurde getroffen. „Wir wohnten im vierten Stock, der Phosphor lief die Treppe runter“, sagt Ursula Schulz. Alles sei ausgebrannt.

Berge von Toten

Aus ihrem Keller flüchteten die Müllers in den Bunker an der Hafenstraße. Zwei Tage später sah sie die Katastrophe, die Berge von Toten. In den beiden Schutzräumen, aus denen sie davongelaufen war, gab es keine Überlebenden.

Auf dem Vorplatz am heutigen Haus der Jugend fand sich unter den Toten auch der Großvater, der am Holzmarkt gewohnt hatte. Schlimm sei das gewesen, sagt Ursula Schultz. Zwei Wochen nach der Bombennacht feierte sie einen traurigen 20. Geburtstag.

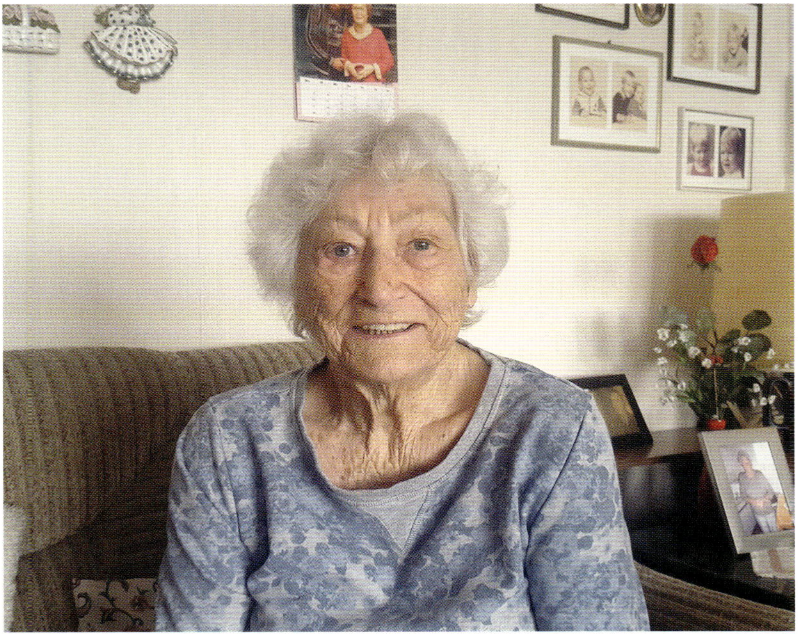

Ursula Schultz

Flakhelfer Günther Siebert links im Bild.

Noch lange auf Alufolie geschossen

Günther Siebert, Jahrgang 1926, lebte mit seiner Familie in der Schlossstraße 10 in Melsungen. Er erlebte die Bombennacht als Flakhelfer in Kassel.

Als 17-Jähriger war Günther Siebert Luftwaffenhelfer und in der Jägerkaserne stationiert. Eingesetzt wurde er als Flakhelfer. Als die Sirenen ertönten, musste er sofort zum Einsatz. „Wir konnten über unsere eigene Angst nicht nachdenken, wir mussten schießen", erinnert er sich. Es sei sehr anstrengend gewesen, die Granaten in die Kanone zu bekommen.

Günther Siebert hat seine Erinnerungen aufgeschrieben.

Immer wieder schoss die Flak in den Nachthimmel. Für Günther Siebert waren es gefühlte Stunden, bis alles vorbei war. „Wir waren alle froh, noch zu leben", erinnert er sich. Noch eine ganze Weile nach dem Angriff habe man auf vermeintliche Ziele geschossen. Dabei habe es sich aber nur noch um langsam herabsinkende Alufolie gehandelt, die die Engländer als Täuschungsmanöver abgeworfen hatten.

Als junger Mann, fast noch Kind, kurz ausgebildet, bekam er damals den Platz an der Flak. „Ich habe nicht groß nachgedacht und so gut es ging die Aufgabe erfüllt, die mir gestellt wurde", erzählt er.

Als er nach dem Angriff durch die Stadt lief, war er geschockt. Da sah er erst, was der Angriff angerichtet hatte: „Es war schlimm – die ganze Stadt brannte. Wir haben kaum noch etwas gesehen." Das komplette Ausmaß habe man durch den Qualm erst nach ein bis zwei Tagen erkennen können. „Es war alles zerstört."

Blutroter Schein am Horizont

Ursula Baier, Jahrgang 1939, erlebte die Bombennacht an der Obersten Gasse nicht weit entfernt vom Zwehrenturm:

„Damals war ich vier Jahre alt, aber ich kann mich noch auf alles genau besinnen. Am Abend ging ich, nachdem ich meine große Puppe für die Nacht eingekleidet und auf das Sofa in der Küche gelegt hatte, zu Bett. Um 20.30 Uhr weckte mich meine Mutter, zog mir einen Trainingsanzug und einen Mantel in aller Eile an und ging mit mir in den Keller. Dort waren schon die anderen Hausbewohner versammelt. Bald hörte man das Brummen der feindlichen Flugzeuge.

Plötzlich ein ohrenbetäubender Krach, und die Kellertreppe herunter kommen Steinbrocken. Ein Hausbewohner hatte den Durchbruch schon geöffnet. Meine Mutter machte ein Glas Stachelbeeren auf, tauchte ein Tuch hinein und hielt es mir vor den Mund, damit ich nicht in dem entsetzlichen Qualm erstickte. Wir versuchten so schnell wie möglich aus dem Keller zu gelangen und erreichten auch die Einfahrt des auf der gegenüberliegenden Straßenseite stehenden Elisabeth-Hospitals. Dort schlugen uns die Feuerfunken des großen Sturmes entgegen. Unser Bekannter rannte über die glühenden Trümmer, um in einen Bunker zu gelangen. Aber die Tür war durch den Druck fest zugeworfen worden.

Was sollten wir tun? Überall Feuer. Die Leute rannten kopflos wieder in die Keller, die nach und nach alle einstürzten und viele Menschen unter sich begruben. Herr L. nahm mich auf den Arm und trug mich durch die Flammen. Dabei hielt ich mir das feuchte Tuch vors Gesicht, um mich vor dem beißenden Qualm zu schützen. Glücklicherweise erreichten wir den Friedrichsplatz unverletzt. Dort schwebte man aber auch wieder in ständiger Lebensgefahr, denn es regnete Phosphor vom Himmel. Endlich kamen wir vor dem Theater an, das auch schon in hellen Flammen stand. Lastautos fuhren unaufhörlich hin und her und brachten die Menschen aus der Stadt heraus. Die Leute drängten nur so auf die Autos. Wir kamen nicht in ein Fahrzeug und wanderten weiter durch die trostlose Feuerwüste.

Unterhalb der Bellevue befand sich das Soldaten-Ehrenmal. Hier wimmelte es von Menschen. Durch eine Art Fensteröffnung gelangten wir in einen der labyrinthartigen Gänge und verbrachten hier das Ende der Nacht. Ich schlief auf dem Koffer, mein

Ursula Baier mit ihrem Vater beim Eselreiten.

Im Haus rechts neben dem Zwehrenturm hat die Familie gewohnt.

Kissen war der Rucksack – in diesen beiden Teilen befanden sich unsere ganzen Habseligkeiten. Am anderen Morgen lagerten wir zusammen mit vielen hundert anderen Menschen auf einer Wiese in der Nähe des Hirschgrabens. Durch Zufall erfuhr meine Mutter, dass eine Feuerwehrmannschaft aus Bleicherode im Südharz hier bei den Löscharbeiten half. In der Nähe von Bleicherode wohnte meine Tante. Deshalb waren wir sehr froh, als die Feuerwehrmänner versprachen, uns dorthin mitzunehmen. Vorher aber wollten wir uns Gewissheit verschaffen über den Verbleib meiner beiden Omas. In der Frankfurter Straße waren manche Häuser noch erhalten. Auch das Haus meiner Oma stand noch. Sie war froh, uns gesund wiederzusehen. Meine andere Oma war auch gerettet. Wir hatten sie ganz aus den Augen verloren.

Am Abend fuhren meine Mutter und ich mit dem Feuerwehrauto nach Bleicherode. In der Nacht zum 24. Oktober kamen wir bei meiner Tante in Kleinbodungen an. Meine Tante hatte schon Betten parat. Sie hatte geahnt, dass wir kämen, als sie den blutroten Feuerschein am Horizont sah."

Ursula Baier

Der Feuerschein war bis Erfurt zu sehen

Ingeburg Schramm, Jahrgang 1930, ist später nach Kassel gezogen und erinnert sich:

„Ich war damals 13 Jahre alt und lebte mit meiner Mutter und Schwester in Erfurt. Mein Vater war irgendwo an der Westfront, wir wussten nichts von ihm.

Ich erinnere mich genau, als meine Mutter mich in jener Nacht auf den Balkon rief und mir den knallroten Himmel im Westen zeigte. So wie auf dem Bild sah es aus. Und am Himmel waren viele Blitze zu sehen. Christbäume sagte man damals dazu. Es sollten wohl die Markierungen für die Bomben sein? Deshalb mag ich bis heute kein Feuerwerk mit dem ‚Goldregen'.

‚Da liegt Kassel', sagte meine Mutter zu mir, ‚Kassel brennt, oh Gott, was ist mit den Schwiegereltern.' Diese wohnten in der Gartenstraße. Ihr Haus wurde teils durch Mienen zerstört, aber es kam zu keinem Brand. Die Großeltern überlebten im Bunker. Dafür war man damals dankbar und glücklich. Dann gab es auch bei uns in Erfurt Alarm. Christbäume am Himmel. Meine Mutter war bei der Feuerwehr und musste zum Einsatz.

Wir Kinder saßen ohne sie im Keller, eng umarmt vor Angst, mit meist alten Nachbarn. Nasse Tücher hatten wir über die Köpfe gelegt wegen des Staubes, der entstand, wenn es in der Nähe einschlug. Alles erzitterte. An unserem Haus fiel eine ganze Hausseite um. Unten ein Haufen Trümmer, Dachziegel und kaputte Möbel. Zu oberst lag mein roter Schemel.

Die feindlichen Bomber hatten hier ihren ‚Rest' entsorgt, da in Kassel sowieso schon alles brannte und zerstört war. Auch hier gab es erst Sprengbomben,

Ingeburg mit ihrer kleinen Schwester.

dann Brandbomben. Eine Klassenkameradin kam damals mit ihren Eltern ums Leben. Wir Schüler waren alle sehr traurig und weinten, hielten uns umschlungen.

Und trotzdem wurde nach jedem Alarm auf die Uhr geschaut. Wenn er nach Mitternacht war, war die erste Stunde schulfrei – Latein fiel aus oder Mathe. Ein Alarm vor Mitternacht bedeutete, schnell im Keller noch die Vokabeln zu lernen.

Mein Vater kam irgendwann aus amerikanischer Gefangenschaft und blieb in Kassel. Meine Mutter konnte mit meiner Schwester dann bald danach zu meinem Vater und den Großeltern nach Kassel ausreisen und sogar den übrigen Hausstand mitnehmen. Mit dabei war auch mein roter Schemel, den sie aus den Trümmern gezogen hatte. Der steht jetzt bei mir in der Küche, aber mit frischer roter Farbe."

Ingeburg Schramm

Weitere Bücher über Ihre Stadt

Peter Ochs
Kassel – einfach spitze!
112 S., Hardcover, zahlr. Farbfotos
ISBN 978-3-8313-2909-0

Horst Seidenfaden/Niko Mönkemeyer
Der Kassel-Comic:
Ephesus und Kupille –
Die Entführung des Herkules
48 S., Hardcover
ISBN 978-3-8313-2990-8

Horst Seidenfaden/Niko Mönkemeyer
Der Kassel-Comic, Bd. 2:
Ephesus und Kupille –
Der Bratwurstkrieg zur Doggemenda
48 S., Hardcover
ISBN 978-3-8313-3214-4

Iris Endisch
Kassel – Farbbildband
deutsch/english/francais
64 S., Hardcover, zahlr. Farbfotos
ISBN 978-3-8313-2512-2

Frank Roland Klaube
Alt-Kassel – Bilder, die Geschichte erzählen
96 S., Hardcover, zahlr. S/w-Bilder
ISBN 978-3-8313-2265-7

Stephan Franke
Leben im alten Kassel
96 S., Hardcover, zahlr. S/w-Bilder
ISBN 978-3-8313-2266-4

Wartberg-Verlag GmbH
Im Wiesental 1 | 34281 Gudensberg
www.wartberg-verlag.de

Bücher für Deutschlands Städte und Regionen
Tel. 0 56 03-93 05 0
Fax 0 56 03-93 05 28